Anonymous

Freymüthige Betrachtungen über den gegenwartigen

Zustand in Polen

Anonymous

Freymüthige Betrachtungen über den gegenwartigen Zustand in Polen

ISBN/EAN: 9783743637030

Hergestellt in Europa, USA, Kanada, Australien, Japan

Cover: Foto ©ninafisch / pixelio.de

Weitere Bücher finden Sie auf **www.hansebooks.com**

Freymüthige
Betrachtungen

über

den gegenwärtigen Zustand
in Polen,

worin besondre Merkwürdigkeiten,
welche die Dissidenten daselbst betreffen,

angeführet werden;

Wobey vornemlich gezeiget wird,

daß eine

heilsame Verbesserung der Schulen
das sicherste Mittel ist,

das verfallene Christenthum wieder aufzurichten,
den veralteten Ruhm zu verneuen, und den
verderbten Flor des Landes wieder
blühend zu machen.

Angestellet

von

einem offenherzigen Polen.

Frankfurt und Leipzig,
1770.

Verehrer der göttlichen Wahrheit,

Liebhaber der ächten Freyheit!

Euren erleuchteten Augen unterwerfe ich diese wenige Blätter zur Beurtheilung. Ich habe mich bemühet, meine darinnen gethane Vorschläge, so viel möglich, auf die göttliche Offenbarung und auf eine gesunde Vernunft zu

grün-

gründen. Nach diesen beyden Regeln verlange ich auch beurtheilet zu werden. Verächter der göttlichen Wahrheit, und niedrige Menschenknechte, welche die heil. Schrift nicht zur einzigen Richtschnur des Glaubens und Lebens annehmen, sondern von Vorurtheilen verblendet, und von Menschenfurcht und Satzungen gefesselt sind, halte ich nicht für meine Richter. Euch Verehrern der göttlichen Wahrheit, widme ich diesen kurzen Abriß, euch Liebhabern der ächten Freyheit, welche die von Gott geschenkte Landes- und Gewissens-Freyheit nicht zum Deckel der Bosheit, sondern vielmehr zur weiteren Ausbreitung der Ehre Gottes, und zu freyerer Uebung der wahren Gott-

seligkeit

feligkeit anzuwenden suchen. Von euch
bin ich versichert, ihr werdet mit mir
gute Schulen für das nächste Mittel halten, das Wohl unsers Vaterlandes zu
befördern; denn daran hat es bisher
hauptsächlich in Polen gefehlet, und doch
ist ohne dasselbe alle andere Mühe vergebens. Denn ob es zwar zur Rettung
des ganzen Cörpers gehöret, wenn hier
und dort ein faules Glied abgelöset wird,
so ist das doch noch nicht hinreichend zu
dessen völliger Genesung, wenn ihm nicht
innerlich durch bewährte Arzeneyen bey-
zukommen ist. Ein geschickter Arzt pflegt
wohl freylich auch gewaltsame Mittel zu
gebrauchen, um das wilde Fleisch wegzu-
beitzen, und den Unrath mit Gewalt weg-

* 3   zuschaffen;

zuschaffen; allein, wenn die Causa morbi, der rechte Grund der Krankheit, nicht gehoben, und materia peccans, wie in Frankreich, Spanien, Pottugall, Neapolis, Sicilien u. a. m. geschehen, ohne Verzug weggeschaffet wird; so kann die Heilung des Cörpers nicht lange Bestand haben. Ich habe hierinnen nach meiner Einsicht geurtheilet, daß der Mangel an guten Schulen seine von den vornehmsten Ursachen des verderbten polnischen Staatscörpers sey. Ich habe gezeiget, wie dieses Uebel schon längst eingesehen worden, und wie man sich solches zu heben, auch schon oft in Polen bemühet; allein man hat diese kräftige Arzeney niemals recht anbringen können. Es hat

sich

sich noch niemand finden wollen, diesem eigensinnigen Patienten die Hände zu halten, und ihm zu seinem eigenen Besten, dieses bewährte Mittel einzugeben. Vielleicht ist anitzt dieser glückliche Zeitpunct. Meine hier gethane Vorschläge haben bloß eine gute Meynung und Liebe zu meinem Vaterlande zum Grunde, und ich will sie für weiter nichts, als für eine Ermunterung anderer Patrioten, zu besserer und weiterer Ausführung dieses vorgeschlagenen Mittels, die Wohlfahrt ihres Vaterlandes zu befördern, gehalten haben. Erlange ich diesen Endzweck, so soll das Vergnügen, welches ich über den blühenden Wohlstand desselben empfinden werde, meine einzige Belohnung seyn.

Gott

Gott aber, der beſte Arzt, heile alle GeꞋ
brechen auch dieſes Landes durch ſein Wort,
welches alles heilet! Er heilige uns in
ſeiner Wahrheit: denn ſein Wort iſt die
Wahrheit! Er, als ein Gott des Friedes,
zertrete den Satan unter unſere Füße in
kurzem. Amen!

———

Das

Erstes Capitel.

Von der Wohlfahrt des Landes, wie dieselbe durch gute Schulen entstehet.

Die erste Quelle, aus welcher die Wohlfahrt eines Landes entspringet, ist eine gute Erziehung der Kinder. Ich darf über diesen Satz keine weitläuftige Beweise führen; die Schrift, die Vernunft und die Erfahrung wird für mich reden. Gott versichert dort einen Abraham seines gnädigen Wohlgefallens, und des darauf sich gründenden Wohlergehens seiner Nachkommen, daß er seine Kinder gut, das ist, nach seinen Geboten, lehren und erziehen würde. 1 B. Mosis XVIII, 19. Er wird ein groß und mächtig Volk werden, und in ihm sollen alle Völ=

A   ker

ter auf Erden gesegnet werden. Denn ich weiß, er
wird befehlen seinen Kindern und seinem Hause nach
ihm, daß sie des HErrn Wege halten, und thun,
was recht ist, auf daß der HErr auf Abraham kommen lasse, was er ihm verheissen hat. So lange seine Nachkommen diese gute Erziehung nachahmten,
ging es ihnen wohl: sobald sie aber die Gebote
Gottes ihren Kindern nicht mehr einschärften, nach
dessen Befehle 5 Mos. XI, 19. lehret diese Worte
des Gesetzes eure Kinder, daß du davon redest, wenn
du in deinem Hause sitzest, oder auf dem Wege ge-
hest, wenn du dich niederlegest und wenn du auffte-
hest rc.; sondern sie dem Moloch opferten, zur Abgötteren, und sie zu unvernünftigen heydnischen Sitten
anführten, und durch diese fabelhafte Religion das
geoffenbarte und natürliche Licht in ihnen verdunkel-
ten; so verfolgte sie alles Unglück mit Haufen, sie
wurden ein Spott ihrer Nachbarn, und ein Greuel
aller Völker.

Selbst die Heyden, welche einen rechten Gebrauch des freyen Willens im Irdischen machten,
und dem noch überbliebenen Lichte der Vernunft folg-
ten, sahen es ein, wie viel an einer guten Erziehung
der Kinder gelegen, wenn ein Volk, ein Land, oder
eine Republik in die Höhe kommen, und nicht der
Verachtung seiner Nachbaren ausgesetzet werden soll.
Was machte die kleine griechische Republiken so be-
rühmt und mächtig, als daß sie zu Athen, Lacedä-
mon und andern Orten gute Schulen hatten, aus
welchen sie weise Räthe, kluge und tapfre Generals
zogen. Plutarch in seinem Buche von der Kinderzucht

zucht führet hiervon solche herrliche Gedanken, die ihn als einen Heyden weit übertreffen. Er suchet den Ursprung verzogner Kinder gleich in der ersten Muttermilch, und hält es der Vernunft zuwider, daß eine gesunde Mutter, welcher Gott eben darum eine doppelte Speisekammer an ihre Brust gebauet, um ihre Geburt selber daraus zu nähren, gleichwohl selbige einem fremden, meistentheils liederlichen und geilen Weibsstücke übergiebet, von welcher die zarte Jugend, mit der unreinen Milch zugleich alle ihre böse Lüste und Begierden mit einsauget. Eine Mutter aber, spricht er, nähret ihr eigen Kind mit einer viel zärtlicheren Liebe (συμπαθέςερον). Es ist ihr nicht gleichgültig, ob das Kind weinet oder lachet, eigensinnig oder fromm ist: sondern sie empfindet zugleich den Schmerz und das Vergnügen des Kindes, als ihres eigenen Fleisches. Sie sorget so viel möglich, daß das Kind bald bey der Muttermilch von dem Eigensinn abgezogen, und zur Tugend gewöhnet werde ꝛc.

Diese so gemein gewordene Ammenzucht unter den Christen, ist auch mehr als jemahls bey den polnischen Kindern eingerissen. Aus allzugroßer Liebe zur Bequemlichkeit und Wollust, übergibt man seine Leibesfrucht einer verhurten Metze, und steckt in dem falschen Vorurtheile: es sey pöbelhaft, dem Kinde seine mütterliche Liebesbrüste darzureichen.

Das ist die erste Art von schlechten Schulen, in welchen die Kinder durch zornige Minen, funkelnde Augen und unverschämte Geberden von ihren Ammen unterrichtet werden; den ersten Grundstein zu

ihrem

ihrem künftigen Eigensinne legen, und unter der ge=
wöhnlichen alten Weiberzucht durch beygebrachte
Mährlein, dem Aberglauben, und dem darauf fol=
genden Unglauben unvermerkt einen Altar bauen.

Es ist lächerlich, fährt Plutarch fort, daß man
in fernerer Erziehung der Kinder sogar leichtsinnig
ist, und ihnen gemeiniglich ungeschickte und lieder=
liche Lehrmeister setzet. Wenn man geschickte Leute
hat, so nimmt man die besten davon zur Kaufmann=
schaft, zum Ackerbau, zum Hauswesen ꝛc.; wenn
man aber einen Sausaus und Taugenichts hat, dem
übergibt man die Kinder. Warum? weil man zu
geitzig ist, einem rechtschaffenen Menschen für den
Unterricht seiner Kinder eine gehörige Besoldung zu
geben. Daher fertigte der weise Aristippus jenen
geitzigen Vater sehr artig ab, welcher ihn fragte:
wie viel er für den Unterricht seines Sohns fordere?
Tausend Drachmen (d. i. 250 Rthlr.) sprach Aristip=
pus. Das ist sehr viel, sagte der Vater. Für tau=
send Drachmen könnte ich mir ja einen Leibeigenen
kaufen! So wirst du alsdenn zwey Sclaven haben,
antwortete Aristippus, deinen Sohn, und den du
für die tausend Drachmen gekauft hast.

Man glaubt, sein Vermögen wegzuwerfen, wenn
man es der Nachwelt zum Besten, und seiner Fa=
milie zu Ehren, anwenden soll. Was haben aber
hernach solche Eltern von ihren Kindern, die sie so
schlecht erzogen, und noch schlechter unterrichtet haben,
für Freude? Wenn ihre Kinder mannbar worden,
alle vernünftige Lebensart verachtet, und sich in die
Sclaverey der Wollüste gestürzet, alsdann überfällt
sie

sie eine allzuspäte Reue, daß sie ihre Kinder nicht besser erzogen, und das lasterhafte Leben derselben erwecket den Eltern einen rechten Herzenskummer ꝛc. So redet ein Heyde, dessen gesunde Vernunft, in in diesem Stücke gar nicht mit der Schrift streitet, sondern vielmehr ein Beweis ist, wie auf der Tafel seines Herzens gleichsam noch einige Grundstriche von dem anerschaffnen göttlichen Ebenbilde stehen geblieben.

Ich führe das Exempel dieses Heyden, welchen ich leicht mehrere an die Seite setzen könnte, darum an, weil man in Vergleichung jenes Weltalters, da noch Finsterniß das Erdreich bedeckte, und Dunkel die Völker, mit den itzigen erleuchteten Zeiten, seine Kinder noch meistentheils schlechter als heyd: nisch erziehet. Man erziehet die Kinder nicht nach der Schrift; nicht in der Erkenntniß des wahren Gottes, wie er nach seinem Willen zu verehren und wie man Ihm dienen soll; nicht nach einer gesun: den Vernunft, wie er ein nützlicher Bürger der menschlichen Gesellschaft seyn solle. Mit einem Worte, viele Eltern erziehen ihre Kinder nach ihren viehischen Wollüsten, welche ganze Familien und Völkerschaften in den tiefsten Abgrund des Verder: bens versenken.

Zweytes

Zweytes Capitel.

Von den schlechten Schulen in Polen überhaupt, und denen daher entstandenen betrübten Folgen.

Die Erfahrung bestätiget es, leyder! wohl allenthalben, wie schlecht es in den itzigen Zeiten um die Kinderzucht in den meisten christlichen Landen stehet. Viele redliche Gottesgelehrte haben deswegen schon längst dawider geeifert, und es sind niemahls mehr Schriften zu Verbesserung der Kinderzucht herausgekommen, als eben in diesem Jahrhunderte: zum Zeugnisse, daß das Verderben derselben sehr groß sey. Wie groß aber ist nicht das Verderben der Kinderzucht in unserm Polen! Keine von den christlichen Religionen dieses Landes ist von diesem in allen Ständen sich ausbreitenden Uebel befreyet. Von der Römisch-Catholischen brauche ich weiter keinen Beweis auf itzige Zeiten, als den weisen Monitor, eine in Warschau in polnischer Sprache verfertigte, und von einem evangelischen Prediger ins Deutsche übersetzte Wochenschrift. Dieser unpartheiische Zeuge führet an vielen Orten, sowol über die schlechte Erziehung der Kinder zu Hause, als in den Schulen, die bittersten Klagen; doch zielet er mit seinen Erinnerungen mehr auf die Hohen und Edlen, als auf die Niedern des Landes, deren doch eine ungleich größere Anzahl ist als der Ersteren. Eine geistliche Staatskunst ist es, daß bey

bey denen Vornehmen gemeiniglich kein anderer
Grund ihres Christenthums geleget wird, als das
falsche Vorurtheil: Wir sind die alte Religion, und
wer nicht unserer Religion ist, der ist ein Ketzer,
den müssen wir verfolgen und drücken, so bauen
wir uns eine Stuffe in dem Himmel. Das ist der
Hauptinhalt ihres ganzen Catechismus, welcher
ihnen von Jugend auf von ihren geistlichen Lehrern ins Herz gepräget wird, und aus welchem alles lieblose, gehäßige und aufrührische Wesen gegen
die letzteren Reichstagsschlüsse vom Jahre 1768,
seinen ersten Ursprung hat. Die Bibel, als der
einzige wahre und göttliche Grund des christlichen
Glaubens, und worinnen sie so oft zur Liebe, dem
Ordenszeichen wahrer Christen, ermuntert werden:
liebet euch unter einander, Joh. XIII, 34. 35.
1 Joh. III, 23. c. IV, 20. 2c. ist bey ihnen ein un-
bekanntes und verbotenes Buch. Wie schlecht ist
aber das Christenthum ohne die Liebe, und was hat
solches für einen großen Einfluß auf das Wohl und
auf den Verfall eines Landes, wenn sowol die allgemeine Menschenliebe, als eheliche Liebe, die bequem-
sten Mittel zur Aufnahme und Bevölkerung eines
Staats, verachtet werden? Die fürstlichen, gräfli-
chen und adlichen Familien, aus welchen ihrer viele
den geistlichen ehelosen Stand zu erwehlen gezwun-
gen und in der Jugend überredet worden, werden
geschwächet, ihr Vermögen und Güter, Städte und
Dörfer an die müßige, sogenannte Geistlichkeit verschwendet, welche es theils mit Huren, Fressen und
Saufen verschlinget, theils nach Rom schicket, und

theils

theils in ihren Klösterkellern versteckt, zum gemeinen Wohl des Landes aber wenig oder nichts davon anwendet. Die Quelle dieses Uebels ist der Mangel guter Schulen, darinnen die Furcht des HErrn, welche aus dem Worte Gottes entspringet, der Weisheit Anfang seyn sollte.

Werden die Adlichen etwa in den wenigen Schulen welche sie noch haben, besser in weltlichen oder irdischen Wissenschaften unterrichtet? Keinesweges, Sie lernen ein wenig Küchenlatein, Rhetoric, Poetic ꝛc. wie sie es nennen, das sind ihre höchsten Studia bey den allermeisten, sehr wenige ausgenommen, welche es etwan höher bringen. Philosophische Wissenschaften, eine gesunde Logic, Mathesis, Militaris, Civilis, Arithmetic, Astronomie, Geographie, Historie ꝛc. das sind bey ihnen theils unbekannte, theils seltene Dinge. Warum? Ihre Schullehrer und Privat-Hofmeister wissen selbst nichts davon. Haben die ersteren was von der Aristotelischen Philosophie erschnappet, und können einige falsche Syllogismos machen; können die andern die polnische Sprache, so wie sie der Bauer redet, und ein wenig Latein lesen und schreiben, so sind es schon große Lichter. Wo soll alsdenn bey dem Adel eine wahre Frömmigkeit ohne Gottes Wort, ein aufgeklärter Verstand ohne gründliche Philosophie, eine Kriegeskunst ohne Geometrie, eine Kenntniß ihrer Freunde und Feinde, ja ihres eigenen Landes, ohne Historie und Geographie herkommen? Die alten Zeiten sind gar nicht mit den neueren in Vergleichung zu ziehen, daß man sagen wollte:

wollte: es ist immer so in Polen gewesen, und Polen war doch mächtig. Dazumal brauchte man die Kriegeskünste nicht, welche in den neuern Zeiten nöthig sind; da aber solche in der ganzen Welt, und bey unsern Nachbarn aufs höchste gestiegen; so kann ein Staat ohne dieselbe nicht bestehen, oder seine Freyheit muß sich in eine Sclaverey verwandeln. Geld und Volk wird ohne Kriegeskunst wenig ausrichten, wovon die Podolischen Kriege das neueste Exempel abgeben. Man hatte Geschütze und Pulver genug; allein, wie viel waren derer, welche die Wissenschaft besaßen, das Geschütze zu regieren und zu richten? Man mußte daher vor einem vierfach schwächeren, aber im Kriege geübten Haufen, bey dem ersten Angriffe fliehen; und so ging es bey jedem andern Anfalle, man wurde wie die Spreu vom Winde zerstreuet. Was ist die Ursache dieser Schwäche? Der Mangel an guten Schulen und Ritter-Akademien, wozu die reichen Klöster und Abteyen Anfangs gestiftet worden, um eine gewisse Anzahl Adeliche darinnen umsonst zu unterhalten, und in allen adlichen Tugenden zu unterrichten. Allein, diese reiche Klöster-Einkünfte werden zu einem ganz widrigen Endzweck verwendet. Die Aebte, als geistliche Väter, führen davon entweder einen Fürstlichen Staat, oder verprossen sie mit ihren Mönchen durch ein wollüstiges Leben, oder lassen es, wie jener Schalk, im Schweißtuche ungenutzet liegen. Der junge Adel bleibt demnach unwissend, sowol in Kriegs- als in andern dem Vaterlande ersprießlichen Wissenschaften. Denn die wenigen, die in ausländi-

A 5 schen

schen Diensten stehen, sind gegen die große Menge
des polnischen Adels gar nicht zu rechnen. Der
mitlere, nemlich der Bürgerstand, wird ja wohl noch
in den meisten Städten im Lesen und Schreiben uns
terrichtet, und erlanget mit dem Adel, von der Religion gleiche Grundsäße; allein, er bekommt doch
in ihren elenden Schulen, da weder die Rechnungs-
noch Zeichnungs- noch Meßkunst getrieben wird,
keinen aufgeklärten Verstand, noch geübte Sinnen,
richtig zu denken, weil ihre Lectionen meistentheils
nur das Gedächtniß, nicht aber den Verstand be-
schäftigen. Daher haben wir hier zu Lande wenig
oder gar keine Landmesser, ob wir gleich in unsern
weitläuftigen, fetten und doch hin und wieder wü-
sten und unbrauchbar liegendem Lande, mehr als in
einem Reiche Europens, auszumessen hätten. Wie
manche Graben, zur Gemeinschaft der Flüsse und
Flor des Handels, zu Austrocknung der vielen Süm-
pfe und Moräste; wie manche schöne Mehl- Walk-
und Schneidemühlen, zum Nußen vieler Profeßionen, ja wie manche vortrefliche Dämme und Teiche
könnten hier und dort gemacht und angelegt werden;
wenn nicht ein so großer Mangel an solchen Leuten
wäre, die sich auf die Meßkunst und den Fall der
Wasser verstünden? Soll nur ein mittelmäßiges
Haus gebauet oder ein Wagen gemacht werden, so
muß Zimmermann, Maurer und Wagner, oder
der Wagen selbst, hundert und mehr Meilen weit
aus andern Ländern geholet, und das Geld dahin
verschleppet werden. Der Grund des Mangels dieser und anderer Künstler liegt an den Schulen, in
welchen

welchen der Knabe nicht den geringsten Riß zu ma=
chen angewiesen wird.   Gleichwol konnten in kei=
nem Lande eher, als in Polen, die zu solcher Unter=
weisung benöthigten mathematischen, astronomischen,
mechanischen rc. Instrumente in die Schulen zum
allgemeinen Gebrauche der Jugend angeschaffet wer=
den; weil die Jesuiter, welche die meisten Schulen
im Lande an sich gerissen, hierzu, wie z. E. in der
Woywodschaft Posen,   Fürstliche Güter besitzen.
Allein, der wesentliche Nutzen des Landes ist ihr
geringster Kummer.   Es ist demnach die bürgerli=
che Nahrung aus diesem Grunde sehr geringe.
Der Künstler ziehst das Geld aus dem Lande, weil
wir keine oder doch sehr wenig Einheimische haben.
Der inländische Kaufmann muß seine Waaren theuer
verkaufen, weil die rohen aus dem Lande gehen,
und er dem Ausländer erst das Zurichte=Lohn dafür
doppelt bezahlen muß, wovon viel tausend Menschen
im Lande leben und das Ihre zu Unterhaltung der
Republik beytragen könnten, wie solches der Moni=
tor sehr weitläufig zeiget.   Die Ursache so weni=
ger Künstler, guter Handwerker und Bürger, liegt
in dem Mangel guter Schulen.

Nun fragt sichs: wo sollen die Menschen her=
kommen, die rohen Waaren alle zu verarbeiten, wie
der Monitor erinnert, da es in Polen ohnedem an
Leuten fehlet, welche dem Ackerbau und der Vieh=
zucht gehörig vorstehen können?

Die Antwort hat der weise Monitor bey sich
behalten.   Ich glaube aber, sie ist leicht zu erra=
then.   Den Nachbaren könnte man ganz gerne die

Hälfte

Hälfte der rohen Waaren überlassen, und hätte
doch an der andern Hälfte, die im Lande verarbei-
tet würde, überflüßig genug, die Einwohner des
Landes zu versorgen, zu kleiden und zu sättigen.
Leute oder Künstler zu Verarbeitung der Waaren
aus andern Landen, ohne Bewilligung des Lands-
herrn, herauszuziehen, ist weder erlaubt, noch im
Ganzen möglich. Wenn man aber gute Freund-
schaft mit den benachbarten Königen hielte, wie Sa-
lomo mit dem Könige zu Tyrus, so würde man auch
eine gewisse Anzahl solcher Künstler zu überlassen nicht
abschlagen, welche in der Bau- und Kriegskunst erfahren, in Gold und Silber, Erz und Eisen arbeiten und andre unterrichten könnten. 1 B. der Kön.
V. und VII. Das andere Mittel aber zu Vermehrung der Arbeiter in Städten und Dörfern, ist, of-
fenherzig geredet, dieses: Die überflüßigen, unnützen vielen Ordensleute müßten wenigstens vermin-
dert, oder wo möglich, gar abgeschaffet werden; es
würden in kurzer Zeit viele tausend tragbare Bäume,
oder dem Lande nützliche Arbeiter, dafür aufwachsen.
Es ist schon Verlust genug für ein Land, wo die
Seculares unverheiratet bleiben müssen: denn man
kann, nach einer genauen Rechnung, nicht nur von
den Kindern der Gelehrten wiederum die künftigen
Stellen und Aemter der Gelehrten besetzen, sondern
hat noch einen reichen Ueberschuß zu andern nutzba-
ren Künstlern und Arbeitern des Landes. Dis alles aber schlägt in einem Lande zurück, wo man wider die Schrift und Vernunft den Geistlichen die
Thür zur ehelichen Fortpflanzung verschliesset, als
welchen

welchen alsdann der Verfall der Schulen nicht sehr
zu Herzen gehet, weil sie keine Jugend in den Schulen haben, die NB. von ehelichen Herzen entsprossen.
Die Jesuiter, deren gefährliche Lehrsätze zwar längst
bekannt, aber itzt erst durch ein göttliches Gerichte
recht offenbar worden, würden wohl die ersten seyn,
welche man, nach dem Exempel anderer Königreiche
und Länder, in Portugal, Frankreich, Spanien und
Italien, abschaffen könnte: denn hier ist nebst denen
Ursachen, welche jene Monarchen dazu gedrungen,
noch diese, daß die Jesuiter zwischen den Römischen
und Dissidenten einen beständigen Streit erregen
und unterhalten. Es hat es schon ein redlicher Pole
im Jahre 1607. in einer lateinischen Schrift sehr
gründlich gezeiget, daß dieser Orden eine rechte Pest
des Staats sey, daß sie Glieder und Haupt in einer Republik gegen einander aufhetzen, und ihrer
Landes-Obrigkeit niemals treu sind. Solches bewiesen Sie auch dazumal mit Venedig in der Strei-
tigkeit mit dem Pabst, der sie in den Bann gethan,
weil sie ihr Recht auf Ferrara ausüben wollten.
Da alle alte Geistlichkeit und Ordensleute den Bann
des Pabsts vor ungültig erklärten, so hielten ihn
die Jesuiten, als Leibeigne des Römischen Stuhls,
für gültig. Es führt der Autor alle ihre Ränke an,
die sie schon damals in Polen gespielt, wie sie sich
in alle Regierungen gemischet, die Constitutiones
verspottet, in welchen man ihrer unumschränkten
Gewalt Einhalt gethan hat, und der Republick mit
ihren scharfen Schwerdtern der Bosheit und List
mehr schaden würden, als die Creutzritter mit ihren
Kriegs-

Kriegsschwerdtern. Daher urtheilet er auch ganz
recht: es wäre umsonst, sie einzeln auszutreiben oder
einzuschränken, weil alle für einen und einer für alle
stünden: sondern man müsse sie, wie die Creutzritter,
mit Strumpf und Stiel ausrotten. Denn, spricht der
Autor, sie machen sich kein Gewissen, das Versprochene zu brechen; wie sie denn 1593 zwar den Polen
angelobet, sie wollten sich in keine weltliche Sachen
mischen, allein so wenig gehalten, daß alle Reichstage und Reichsschlüsse entweder nach ihrem Willen
geschlossen oder verhindert wurden rc. Die Schrift
ist werth, von jedem Patrioten seines Vaterlandes,
besonders zu den itzigen Zeiten, gelesen zu werden,
und führt den Titel: Consilium de recuperanda &
in posterum stabilianda pace Regni Poloniæ, in quo
demonstratur, pacem nec constitui nec stabiliri posse,
quam diu Jesuitæ in Polonia maneant. Ad Illustres
Regni Poloniæ Proceres, Conversum ex Polonico in
Latinum. Anno VenetI ConsIDerant PapaM.
Das ist: Ein treuer Rath, den Frieden im polnischen Reiche wieder zu erlangen und aufs Künftige
zu bevestigen: darinnen gezeiget wird, daß so lange
ein Jesuit in Polen bleibet, weder Ruhe und Friede in Polen gemacht noch bevestiget werden könne.
Den hohen Ständen des Reichs übergeben, und
aus dem Polnischen ins Lateinische übersetzt, 1607;
da die Venetianer ihr Bedenken über den Pabst
hatten.

So schlecht aber die Schulen der römischen
Kirche von dem Adel und Bürgerstand sind, zum
unaussprechlichen Nachtheil des Landes; so bejam-
merns-

mernswürdig ist der Unterricht der Bauren und
Unterthanen auf dem Lande. Diese arme Sclaven
müssen mit ihrer sauren Ackerarbeit und Viehzucht,
sowol ihren weltlichen als geistlichen Oberherren
den Reichthum aus der Erde hervorbringen, wie die
Mohren in Amerika. Sie werden nicht viel besser
geachtet als das unvernünftige Vieh. Man ver-
schenkt sie und verkauft sie an andre nach eignem
Gefallen. Bey den geringsten Verbrechen werden
sie von ihrer Herrschaft oder ihren Amtleuten mit
hundert, ja zwey, drey und mehr hundert Schlägen,
bestraft, unter welchen sie oft ihren Geist aufgeben,
oder doch ungesund werden, welches der Polnische Monitor seinen Landsleuten ebenfalls sehr vor-
übel hält. Woher rührt aber dieses barbarische
Verfahren dieser Herren gegen ihre ihnen von Gott
anvertraute Unterthanen? Daher, weil sie nichts
vom göttlichen Worte oder Gebothe wissen: Wenn
man dem Missethäter 40 Schläge gegeben hat, soll
man ihn nicht mehr schlagen rc. 5 B. Mos. 25, 3.
Ich glaube, man kann einen Boßhaftigen, der den
Tod nicht verwirket, mit 40 Schlägen wehe genug
thun, und noch vielmehr denjenigen damit abstra-
fen, welcher aus Versehen oder Uebereilung ge-
sündiget hat. Gott, der den Zorn der Mächtigen am
besten kennt, hat mit dieser abgemeßnen Strafe, als
ein Liebhaber des Lebens, dem menschlichen Eifer
ein Ziel setzen wollen.

Diese Sclaverey der Bauren aber wird durch
ihre tiefe Unwissenheit vermehret, und durch die
harte Knechtschaft ihrer Seelen unterstützet. In
hundert

hundert Polnischen Dörfern werden wohl kaum
2 bis 3 Menschen angetroffen werden, welche einen
Buchstab in einem Buche lesen können. Von der
Bibel will ich gar nicht sagen, weil solche verbo=
then, und der Jesuite Nicolaus le Maire, nach
denen von ihm verdrehten Worten Christi, Matth.
7, 6. die Layen den Hunden vergleichet, welchen
man dieses Heiligthum nicht vorwerfen solle, wie
sein Buch: Sanctuarium profanis occlusum, bald
auf dem Kupferblatte anzeiget. Sind diese arme
Landleute nicht gleich den Schaafen, die keinen Hir=
ten haben; die, da sie keine Schulen, auch keine
Erkenntniß von dem wahren Gotte, seinem Willen,
Werken und Wohlthaten haben, vielweniger von
der durch Christum erworbnen Gerechtigkeit, Hei=
ligkeit und Seligkeit etwas wissen können? Die
traurige Erfahrung bezeugt es täglich, wie sehr
ihre Sinnen verblendet sind. Mehr als einmal
habe ichs gesehen, daß ein Schwarm solcher Pol=
nischer Bauren, welche, nachdem sie sich in der
Faßnacht berauschet, mit ihrer Musik um das Cru=
cifix herum tanzten und sprachen: Wir müssen un=
serm Herrgott auch ein Ständchen bringen, damit
er nicht böse darüber wird, daß wir uns besoffen
haben. So wird die Geschichte vom gegoßnen
Kalbe 2 B. Mos. 32. noch immer in Polen wie=
derholet, worüber doch Gott so sehr erzürnte.
Denn die Juden waren auch so dumm nicht, daß
sie das Bild und Gold des Kalbes angebethet hät=
ten, sondern stellten sich darunter Gott vor, wie
die klugen Papisten dieses erklären, allein eben diese
Vor=

Vorstellung wurde bestraft. Es ist zwar hier nicht
mein Amt, ausdrücklich von dem Bilder- oder Götzen-
dienste zu reden, weil dieses einer mit von den
Hauptirrthümern der ganzen Römischen Kirche ist;
weil er aber doch in keinem Lande so grob als in
Polen getrieben wird, so will ich gelegentlich dabey,
zur Ehre des allein anzubetenden Gottes, einige An-
merkungen machen. Denn dieser spricht ausdrücklich: Ich will meine Ehre keinem Andern geben,
noch meinen Ruhm den Götzen. Wie wenig wird
aber dieser dreyeinige wahre Gott angebetet, wenn
man einen Polen öffentlich und in seiner Schlaf-
kammer beten höret. Kann er sein Ave Maria und
Paternoster ohne Verstand herplappern, so ist er
schon sehr gelehrt und fromm; ein halber Heiliger
aber ist er, wenn er Morgens und Abends alle
Heiligen nebst der gebenedeyten Jungfrau Maria
anbeten, und denenselben sein zeitliches und ewi-
ges Glücke, seinen Leib und Seele befehlen kann,
wie ich eine Polnische Mutter oft ihren Kindern
also vorbeten gehöret. Doch was ist es Wunder,
bey diesen einfältigen Leuten, da die, welche Gelehrte
vorstellen wollen, in eben der Blindheit stecken.
Mehr als einmahl habe ich diesem und jenem Jesuiter-Studenten aus seinem gedruckten Gebetbuche
beten sehen, in welchem meist Gebete an die gebe-
nedeyte Jungfrau Maria zu finden, und unter andern ungebührlichen Titeln ihr auch dieser gegeben
war: O quarta Trinitatis Substantia! Wo hat die h.
Schrift, wo haben die ältesten Patres jemals diese
Sprache geführet, und 4 Personen in der Gottheit
ver-

B

verehret und angebetet? Ist das nicht ein Seelen-
verderblicher Irrthum in den ersten Grundartikeln
des christlichen Glaubens? Das ist aber das ewige
Leben, daß sie dich, daß du allein wahrer Gott bist,
und denn du gesandt hast, Jesum Christum, erkennen. Joh. 17. Wer giebt aber dem einfältigen
Volke zu solchen Grundirrthümern Anlaß? Ist es
nicht der sogenannte heilige Vater selbst, welcher
diese Abgötteren bestätiget, und die geheiligte Jungfrau Maria Christo an die Seite setzet? Daß also
die göttliche Verehrung der Mutter Christi, und
die mit ihr getriebene Abgötteren kein Fehler dieser
und jener einzelen Person, sondern da es der Pabst
selbst thut, ein Fehler der ganzen Römischen Kirche
ist. Denn in dem Breve an den König von Spanien vertheidigt er nicht nur die Lehrsätze und Aufführung der Jesuiten, sondern erklärt sich auch
öffentlich für dieselbe in dem falschen Satze, von der
unbefleckten Empfängniß der h. Jungfrau Maria.
Wir bitten Ew. Majestät, spricht er, bey dem süssen
Nahmen Jesu, bey dem Nahmen der hochgebene-
deyten Jungfrau Maria, deren unbefleckte Empfängniß die Jesuiten stets vertheidiget haben rc.

Es billiget also dieser Pabst, den Jesuiten zu
gefallen, diesen falschen Lehrsatz: de immaculata B.
V. Mariæ Conceptione, und bittet in ihrem Nahmen,
da man doch in den ersteren zehn Seculis nichts
von ihrer Verehrung gewußt hat. Denn ob schon
Nestorius im fünften Seculo auf dem Concilio zu
Ephesus verdammt wurde, weil er das Wort,
Θεοτόκος, von der Maria nicht leiden wollte, so ist
doch

doch deswegen nichts von ihrer göttlichen Vereh-
rung noch unbefleckten Empfängniß gedacht worden. Im 11, 12 und 13 Seculo fing man erst
an einigen Orten an, ihr zu Ehren öffentliche horas
Canonicas zu halten, damit die müßigen Mönche
doch etwas zu thun haben möchten. Im 14 und
15 Seculo verfiel man endlich auf ihre unbefleckte
Empfängniß, dawider sich doch der berühmte
Thomas de Aquino und der ganze gelehrte Orden
Dominici aus allen Kräften gesetzet. Ja die
Päbste selbst haben niemahls ein entscheidendes
Urtheil in dieser Sache von sich geben wollen, weil
es die Klügsten für eine unnütze Grille gehalten.
Denn im 17 Seculo schrieb Pabst Gregorius der
XV. an den Spanischen König Philippum IV. weil
in Spanien wegen der immaculata V. Mariæ Conceptione ein großer Streit entstanden, in einer deswegen herausgegebnen Bulle: quod æterna Sapien-
tia nondum Ecclesiæ tanti mysterii penetralia patefe-
cerit. So heuchelten noch die vorigen Päbste
wegen dieser Lehre, um keinen Orden vor den Kopf
zu stoßen. Auf dem Tridentinschen Concilio selbst
kannte man über diesen Punkt nicht einig werden,
sondern decidirte ihn so, daß ein jeder davon glauben konnte, was er wollte.

Sind dis aber nicht ungetreue Hirten, welche
ihre Schaafe zwar scheren, aber die Kranken weder
heilen, noch die Verwundeten verbinden, noch die
Verlornen wiederhohlen! Wie können sie solche Untreue und Faulheit vor Christo, dem Oberhirten,
dem rechten Erzbischofe unserer Seelen, verantwor-
ten?

B 2

ten? O wenn doch der Päbstliche Legat auf dem
Reichstage zu Warschau 1766, da er seine mit
vielem Witz und geschminkten Worten ausgepußte
Rede im Senat wider die Dißidenten, gleich einem
Tertullo, gerichtet, seine Bemühung als Erzbischof
zu Ephesus, wo er ohnedem nichts zu thun hat,
dahin verwendete, wie in Polen durch Aufrichtung guter Schulen in Städten und Dörfern so
viel Millionen Seelen aus der dicken Finsterniß der
Unwissenheit herausgerissen, und mit dem Lichte
des göttlichen Wortes erleuchtet werden möchten!
Kaum aber wird er gewahr, daß unter der lobwür-
digen Regierung des weisen Königes Stanislai
Augusti die Morgenröthe der Wissenschaften, und
der Glanz des Evangelii durch den dicken Nebel der
Unwissenheit hervorbrechen will, so sträubet er sich
dawider mit Händen und Füßen. Hätte er bey
seinem sieben jährigen Aufenthalte in Polen, als ein
Abgesandter des Oberhauptes seiner Kirche, nur
mit einem Auge die große Nachläßigkeit, Pracht
und Wollust der Bischöfe, der gesammten Clerisey,
und die daraus erfolgte grobe Unwissenheit des gemeinen Volkes beschauet; so würde er mit gutem
Rechte, und aus einer ganz andern Absicht, geseufzet
haben! Quomodo repente obscuratum est aurum,
mutatusque est color optimus! Wie bald ist doch das
durch den frommen Adalbertum aus Böhmen nach
Polen gebrachte rohe Gold des Christenthums vollends verdunkelt, und das feine Gold der Evangelischen Lehre, welches der Gottesfürchtige Lutherus
in seinen Schülern aus Sachsen nach Polen geführet,

führet, so heßlich worden! So aber zeiget er mit
seinem Geschrey, wie es ihm nicht um das Heyl der
Polnischen Seelen, sondern um seinen und seines
Principalen Gewinnst und Ehre zu thun sey. Daß
er die Dißidenten heterodoxe Leute nennet, wollte
man Ihm noch, als einem Papisten, seines falschen
Vorurtheils wegen, zu gute halten; daß er sie
aber als Fremde ins Polnische Reich gelaufene und
aufrührische Bettler beschreibet, bringt ihm, als
einem Gelehrten, welcher sich 7 Jahre in Polen
aufgehalten, wenig Ehre. Ist er so unerfahren
in der Polnischen Geschichte, daß er nicht wissen
sollte, wie viel Fürsten, Grafen und Edelleute, als
eingebohrne Polen, bey mehr als 200 Jahren her
die Evangelische Lehre angenommen und bekennet,
und wie viele tausend der erstern, den großen Hau-
sen der letztern ungerechnet, in Polen, Preußen
und Litthauen, ohnerachtet aller bisherigen Verfolgungen, dieser Lehre noch beständig anhangen, den
Glanz ihres Adels durch keine Untreue verdunkelt,
sondern ihn vielmehr in Krieges- und andern ersprießlichen Diensten, in und ausser Landes, bis auf
diese Stunde erhöhet haben? Ist ihm unbekannt,
daß in Polen, als in einem freyen Reiche, einem jeden
einzelen Edelmanne erlaubt sey, sich auf die Rechte
oder Constitutionen des Reichs zu berufen? Wie
kann er sich einkommen lassen, den gesammten Diß-
sidentischen Adel mit so schwarzen Farben des Aufruhrs abzumahlen, da sie, sowol Griechen als Evangelische, ihrem Adel und Würden nach, schon von
Alters her, selbst ein Theil der Republick sind,

B 3 und

und weiter nichts, als das ihnen gehörige Recht der Gleichheit, fordern, die Garants des Olivischen Friedens, welche die Republik selbst dazu erwählet, ihres gegebnen Wortes erinnern, und sie bey dem unausstehlichen Drucke der Römischen Geistlichkeit um Beystand anflehen? Er sollte sich doch erinnert haben, daß er nicht in Italien, sondern in Polen geredet, woselbst ein redlicher Erzbischof Uchanski, und ein Evangelischer Weywode von Crakau, ein tapferer Firley, dem Könige Valesio, der sich weigerte, die Freyheit der Dißidenten zu beschwören, in die Augen sagte: sinon jurabis, non regnabis, ohne die beschworne Religionsfreyheit der Dißidenten, wirst du die Polnische Crone nicht behaupten.

Sehr widersprechend redet der Herr Nuntius bey aller seiner Beredsamkeit. Er will nicht der Mann seyn, der die Dißidenten verfolgen heißt, und doch thut er den Vorschlag, man soll ihnen weiter nichts geben, als was sie haben. Sie haben aber nichts mehr, was ihnen, als Polnischen Eingebohrnen, gehöret, indem ihnen schon alle Ehre und Freyheiten des Staats und der Religion durch die Kunstgriffe des Cleri entrissen, und dabey auch ihr Vermögen aufs äusserste geschmählert worden. Hierzu reizet der Herr Nuntius die Republick noch mehr und mehr an: denn das ist das Amt und der einzige Endzweck eines Päbstlichen Nuntii in Polen, daß er die Papisten gegen die Dißidenten verhetzet, und dafür sorget, daß jährlich Millionen aus dem ohnehin von Gelde entblößten Polnischen Reiche nach Rom geschleppet werden. Sehr schändlich miß=

mißbrauchet er zu seinem Endzwecke die h. Schrift, und beruft sich auf dieselbe, da er doch weiß, daß sie die wenigsten lesen können noch dürfen. Was hülfe es, spricht er, den Menschen, wenn er die ganze Welt gewönne, und nähme Schaden an seiner Seele? Wenn also die Evangelischen in Polen ungekränkt und unverfolgt blieben, und durch sie das Land zugleich in Aufnahme käme, so würden die Römischcatholischen dieses Reichs alle in die Hölle kommen. Das ist ein vortreflicher Schluß! Nach demselben müßten alle Protestanten aus dem blühenden römischen Reiche, aus der Schweiß, Ungarn und Großbritannien heraus. Und vielleicht würden diese Länder eben in solche Ohnmacht verfallen wie Polen, und in solche Blindheit, wie vor etlichen Jahrhunderten, da man in Rom die goldne peccata Germanorum (der Deutschen Ablaßgeld) bey tausenden aufs Spiel setzen, die deutschen Kayser vogelfrey machen und auf den Kopf treten konnte, wie Heinrich der IV. und Friedrich Barbarossa nebst andern erfahren.

Warum berührt er denn aber mit keiner Sylbe die heterodoxe gefährliche Lehren der Dißidenten, für welchen er die Polen so scheinheilig warnet? Deleta Romani Pontificis auctoritas! Das vernichtete Ansehen des römischen Pabstes, welches er befürchtet, das ist wohl freylich die größte Ketzerey der Dißidenten. Man siehet das an den unirten Griechen, und an den Papisten selbst. Sie mögen glauben und leben, was und wie sie wollen, wenn sie nur den Pabst für ihr Oberhaupt bekennen, so

fragt

fragt man weiter nicht nach ihnen. Die Dißidenten aber, welche Christum allein für das Oberhaupt seiner sich durch sein eigen Blut erworbnen Gemeine bekennen, und die heil. Schrift als den einzigen Grund und Richtschnur ihres Glaubens annehmen, das sind Erzketzer.

Diese Lästerung der Ketzerey ist zwar von den Evangelischen durch öffentliche Schriften schon längst abgelehnet worden; allein sie kann auch nur mit diesem einzigen Argumente niedergeschlagen werden, daß wir die heil. Schrift, als den Grund der christlichen Religion, allein zur Vorschrift und Regel unsers Glaubens annehmen, und solche Schrift in den dunkel-scheinenden Stellen, aus andern gleichlautenden Aussprüchen der Schrift erklären, und also den heiligen Geist, als den besten Ausleger seiner Worte, reden lassen. Die Evangelische Religion ist also keine neue Lehre, sondern so alt, ja noch älter, als diese Welt ist. Sie gründet sich auf das vollkomne Verdienst Jesu Christi, in welchem Gott die Welt also geliebet, daß er seinen eingebohrnen Sohn gab, auf daß alle, die an ihn glauben, nicht verlohren werden, sondern das ewige Leben haben. Joh. 3. In Absicht dieses Glaubens, welchen er in der Gnadenzeit jedermann vorhält, hat er uns durch Christum erwählet, ehe der Welt Grund geleget ward. Ephes. 1. Wir glauben durch diesen im Paradiese verheißnen Weibessamen, durch die Gnade Jesu Christi selig zu werden, wie die gläubigen Väter A. Testaments. Apostg. 15. Nach diesem Wege, welchen der Herr

Nuntius

Nuntius eine Secte nennet, dienen wir Evangeli:
schen also dem Gott unserer Väter, daß wir glau:
ben alle dem, was geschrieben steht im Gesetz und
in den Propheten. Die übrigen Menschensatzun:
gen vom Fegefeuer, welches der Clerus erdacht, um
dem gemeinen Volke die Beutel zu fegen, von An:
rufung, Fürbitte und Verdienst der Heiligen,
welches die Ehre Gottes unsers Heylandes schän:
det, von Beraubung des Kelches in dem von Christo
selbst eingesetzten Sacramente des heil. Abendmahls,
vom Verbote der Ehen im geistlichen Stande,
welche Ehen doch Gott im A. Testamente an den
Priestern gebilliget, und im Neuen nicht verbo:
ten, sondern vielmehr geboten worden. Diese
und andre Menschenlehren verwerfen wir, halten
wir mit Paulo für Teufelslehren, nach 1 Tim. 4,
1 : 3. ja für verfluchte Lehren, und wenn sie von
hundert Päbsten und tausend Conciliis wären be:
stätiget worden, nach Gal. 1, 8. So auch wir,
oder ein Engel vom Himmel, euch würde das Evan:
gelium predigen, anders, denn das wir euch gepre:
diget haben, der sey verflucht. Unser Evangeli:
scher Glaube ist erbauet auf den Grund der Apostel
und Propheten, da Jesus Christus der Eckstein
ist. An Ihn glauben wir, nach seinem Worte leben
wir, durch göttliche Gnade. Und so auch unter
uns, wie in jeder sichtbaren Gemeine, faule Glieder
gefunden würden, so kann sie nicht der Evangeli:
sche Glaube, sondern ihr böses Herz dazu verleiten.

Dieses voraus und vest gesetzt, so ist es eine
schwarze Verleumdung vom Herrn Nuntio, alle

ners

nordiſche Reiche, und uns Diſſidenten in Polen, Irrgeiſter zu nennen, und das bey öffentlicher Verſammlung der ganzen Republik, und vor den Augen des ganzen Europa. Eine ſolche Religion, welche ſich bloß auf das göttliche Wort gründet, und durch ein liebreiches Betragen das Wohl der menſchlichen Geſellſchaft befördert, hat nach den erſten Grundſätzen eines wahren Chriſten das Zeugniß der wahren Religion. Eine ſolche Religion aber, die ſich eine chriſtliche nennet, und doch Menſchenſatzungen dem göttlichen Worte vorziehet, durch Haß und Verfolgung des Nächſten, die Bande der menſchlichen Geſellſchaft zerſtöhret, bey einem großen Theile ihrer Mitbrüder die Ehe, als das einzige Mittel, ein Land mächtig und volkreich zu machen, verbietet, kann weder eine chriſtliche noch vernünftige Religion genennet werden. Eine lügenhafte Beſchuldigung iſt es, daß die aus ihrem Vaterlande verwieſene, und aus Deutſchland, Frankreich und Italien Vertriebene, bloß nach Polen gekommen, und es mit ihren Irrthümern verwirret. Man hat ſchon im 14 und 15 Seculo, lange vor der Reformation Lutheri herzlich nach der reinen Lehre des Evangelii auch in Polen geſeufzet, man iſt aber noch immer zu ſchwach geweſen, die Tyranney des Pabſtes vom Halſe zu werfen.

In einer alten Gneſiſchen Kirchenagende findet man unter andern, daß man bey der Taufe dieſe Worte verleſen: Horreſce Idola, reſpue ſimulacra &c. und bey den Sterbenden: credis non aliter te poſſe ſalvari, aut vitam æternam ingredi, niſi

per

per meritum paſſionis Domini noſtri Jeſu Chriſti &c. hujus morti te totum comitte, nil dubitans aut deſperans de miſericordia Dei, in nulla alia re fiduciam habe; hac ſola Chriſti morte te totum contege, totum immiſce totum involve. Verabſcheue die Gößen, verachte die abgöttiſche Bilder ꝛc. Glaubeſt du, daß du nicht anders ſelig werden kannſt und in das ewige Leben kommen, als durch das Verdienſt des Leidens Jeſu Chriſti ꝛc. beſſem Tode überlaß dich ganz und gar, zweiſle noch verzweiſele nicht im geringſten an der Barmherzigkeit Gottes, ſetze dein Vertrauen auf nichts anders, bedecke dich einzig und allein ganz und gar mit dieſem Tode Chriſti, lege dich und hülle dich ganz in denſelben hinein ꝛc. Selbſt unter den Prieſtern ſind im 15ten Seculo in Polen einige geweſen, welche dem Volke das heil. Abendmahl unter zweyerlen Geſtalt gereichet, wie deswegen ein gewiſſer Prieſter, Pater Adam genannt, durch den Biſchof von Wratislao zum Feuer verurtheilet worden. Der Großpolniſche Adel hat ſich Anno 1500. in Poſen häufig verſammlet, und durchaus auf die Darreichung des Kelches gedrungen, indem er ſich auf die Einſetzung Chriſti, auf das Exempel der erſten Kirche und der Böhmen berief, ja ihnen mit den Waffen und Entziehung der Decimen drohete, wo ſie nicht ihr Verlangen erhielten. Der Biſchof von Poſen aber hat ſie mit leeren Vertröſtungen abgewieſen, ſie ſollten ſich nur gedulden, er würde von Rom leicht dazu Conceßion erhalten ꝛc. wie man Regenvolſcium auch p. 72. deswegen mit mehrern nachſchlagen kann.   Es

Es sind aber hernach selbst polnische bürgerliche und adeliche Studenten in Wittenberg und
andern Universitäten gewesen, welche das heylsame
Werk der Reformation gesehen und gehöret, und
also diesen goldnen Schatz des göttlichen Wortes
in ihren Herzen nach Polen getragen. Was die
italiänischen Irrgeister betrifft, als Stankarum
und Blandratam, nebst noch andern, welche zwar
die päbstlichen Greuel verabscheuet, aber wieder
auf einen andern Irrweg verfielen; so waren solches nicht Evangelische, sondern Servetianer. Daß
die wenigen Fremdlinge, welche dazumal aus Böhmen und Deutschland kamen, und Polen für ihr
Vaterland verwechselten, Landesverräther und Ma-
jestätsschänder gewesen, schreibt der Herr Nuntius
ohne Beweis. Das aber liegt am Tage, daß diejenigen Jesuiten, welche sich itzt haufenweise nach
Polen durchschleichen, wegen großer und wichtiger
Verbrechen aus Portugall, Spanien, Neapel, re.
verjagt worden. Jene Fremdlinge von Böhmen
und Deutschen, deren nach und nach mehr nach
Polen gekommen, es bevölkert und mit ihrer Arbeit bereichert haben, dienten zur Aufnahme des
Reichs, weil es sonst gar zur halben Einöde ge-
worden; diese faule Bäuche aber werden wenig
oder gar nichts zum Flore des Landes beytragen,
weil Polen ohnedem mit dergleichen Leuten über-
häufet ist, welche das Mark des Landes fressen,
und es weder geist- noch leiblicher Weise bauen und
bevölkern. Jedoch es ist nicht nöthig, ihm weiter
auf sein loses Geschwätze zu antworten, wodurch

er

er nebst dem Bischofe von Crakau und seinem Nach-
folger, dem neuen Nuntio Apostolico in Polen,
Herrn Durini, Erzbischof von Ancyra, in seiner
einfältigen Protestation auf letzterem Reichstage
1768. vom 30 Jan. die Bekenner der evangelischen Wahrheit und ihre Vertheidiger, als mit
einem giftigen Speichel beschmißet. Man kann
die böse Absicht dieser Herren mit Händen greifen,
warum sie so heftig dawider streiten, die Dißidenten nicht aufkommen zu lassen. Es ist nicht die
Ehre Gottes: denn da müßten sie ganz andre Wege
gehen, dieselbe zu befördern, und vielmehr Mittel
vorschlagen, wie das arme Volk durch Aufrichtung
guter Schulen aus der Blindheit ihres Herzens
herausgezogen, und von dem Götzen- und Bilderdienst zum wahren Gottesdienste angeführet würde.
Es ist nicht der Flor des Landes, welches besonders
dem Herrn Legaten gleichgültig, wenn er nur seine
Goldgrube in Polen findet. Er hat keine andre
Absicht, als welche jener eigennützige Goldschmidt
zu Ephesus hatte, welcher das Volk gegen Pau-
lum und die Lehre Jesu deswegen erregte, damit
er bey Ausbreitung derselben keinen Schaden und
Abbruch an seiner Nahrung leiden möchte. Was
hier die Herren Legaten mit einer schmeichelnden,
verleumderischen und langen Rede vortragen, das
sagt Demetrius auf gut Lakonisch also: Lieben
Männer, ihr wisset, daß wir großen Zugang von
diesem Handel haben, und ihr höret und sehet, daß
nicht allein zu Ephesus, sondern auch in ganz Asien,
dieser Paulus viel Volks abwendig macht, überredet

det und spricht: es sind nicht Götter, welche von
Händen gemacht sind. Aber es will nicht allein
unserm Handel dahin gerathen, daß er nichts gelte,
sondern auch der Tempel der großen Göttin Diana
wird für nichts geachtet, und wird dazu ihre Majestät untergehen, welcher doch ganz Asien und der
Weltkreis Gottesdienst erzeiget. Apg. 19, 25-27.

Ich überlasse dem Herrn Legaten selbst die Deu-
tung dieser Worte, und komme auf die üblen Folgen von dem Mangel der Schulen auf dem Lande.
Muß nicht die Ehrfurcht vor dem wahren Gott
verschwinden, wenn die Menschen von Jugend auf
nicht den geringsten Unterricht von diesem majestäti-
schen Wesen, seinen Werken, Willen und Wohlthaten erlangen? Müssen sie nicht die auf die Tafel des Herzens geschriebene Gebote vollends vergessen, wenn sie statt der Liebe Gottes, zur Liebe
der Heiligen und Bilder, statt der Liebe des Nächsten, zum Hasse und Verfolgung desselben gereitzet
werden? Die Gebote Gottes werden fast ganz von
dem gemeinen Volke vergessen. Das erste und
zweyte Gebot wird von ihnen ganz verkehrt gelernet und gehalten. Das erste heißt bey ihnen: Ihr
sollt euch eine Menge Götzen machen und Bilder,
und sollt euch Seulen aufrichten und Mahlsteine
setzen in eurem Lande, daß ihr davor anbetet ꝛc.
wider das ausdrückliche Wort Gottes, 3 Mos. 26.
Das andre Gebot heißt in Polen: Du kannst den
Nahmen deines Gottes unnützlich führen und schwö-
ren, wenn du nur die Intention darunter hast, einen
Ketzer zu drucken und ihm zu schaden, der Schwur
mag

mag recht seyn oder nicht. Auf den Tribunálen
kann man solche Edelleute genuug haben, die vor
Geld einen Schwur ablegen, von einer Sache, da
von sie gar nichts wissen, und doch die Rechtsfache
damit bestätigen. Solcher Schwur ist auch gültig, wenn er nur von einem Römischcatholischen
geschiehet, von einem Dißidenten aber ist er ungültig. Die Kränzer Kirchensache, welche auf so vielen
Tribunálen und Comißionen von beyden Seiten
hat müssen beschworen werden, ist allein Beweises
genung hiervon. Das dritte Gebot heißt hier zu
lande: Du sollt den von Gott allen Menschen gegebnen Sabbath oder Sonntag nicht heiligen, sondern den von Menschen gesetzten und einem simdi-
gen Menschen zu Ehren gestifteten Feyertag, solchen mußt du höher halten, als zehn Sonntäge.
Des Sonntags muß der arme Bauer zu Hofe fahren, und dem Edelmanne sein Getreyde verführen,
weil die meisten Jahrmärkte und die größten Wo-
chenmärkte in Polen auf den Sonntag fallen.
Wenn die Jahrmärkte der unbeweglichen Feste auf
den Sonnabend fallen, so wird der Jahrmarkt, den
Juden zu gefallen, auf den Sonntag verlegt; in
wenigen Städten, wo es vom Dißidentischen Magistrate dependirt, auf den Montag. Was ist
dies für ein Aergerniß für die ungläubigen Juden?
An wem liegt diese Unordnung? An den Herren
Bischöfen, welche eine besondere Constitution von
der Sabbathsfeyer machen sollten, die gewiß siche-
rer zur Ehre Gottes gereichte, als die von der Un-
terdrückung der Dißidenten. Allein so ordnen die
Herren

Herren Bischöfe in ihren Städten selbst die Jahr=
märkte auf den Sonntag, besonders auf den Palm=
Sonntag an, und halten nur über ihren mensch=
lichen Feyertagen, an welchen auch kein Dißidente
arbeiten darf, es sey denn, daß er sich von dem
geldbegierigen Clero die Dispensation erkaufet.
Ich glaube nicht zu irren, wenn ich behaupte, daß
die itzige Verwirrung, Schwäche und Gering=
schätzung Polens bey allen benachbarten Staaten
größtentheils auch daher kömmt, weil man darin=
nen ganz offenbar Gott seine Ehre raubet, und
den Sonntag so schändlich entheiliget. Gott spricht:
Wer mich ehret, den will ich auch ehren, wer aber
mich verachtet, der soll wieder verachtet werden.
1 Sam. II, 30. Daß von den 7 Tagen in der
Woche einer zur Ehre und zum Dienste Gottes an=
gewendet werde, ist sowol der Vernunft als der
Schrift gemäß, es wäre denn, daß man ein Un=
mensch wäre, und den Schöpfer aller Dinge leug=
nete. Bekennt man aber einen Gott, so muß man
ihn ja auch, nach seinen göttlichen Eigenschaften,
und denjenigen Wirkungen, welche sich auf alle
seine Creaturen erstrecken, erkennen lernen. Der
gemeine Mann hat sonst keine Gelegenheit in Po=
len, zu solcher Erkenntniß zu gelangen, als den
Sonntag, und auch diesen stiehlt man ihm. -

Er muß also nothwendig blind bleiben, und
sitzet mit seinem unsterblichen Geiste in einem finstern
Gefängnisse ohne Fenster, durch welches er von fer=
ne jene ewige Häuser der Ruhe und des Friedes
erblicken könnte. Ich weiß wohl, daß einige Ueber=

kluge

kluge die Laulichkeit der Sabbathsfeyer damit entschuldigen: es gehöre der Sabbath oder Sonntag
nur für die Juden, und wären die Christen daran
nicht gebunden. Es ist aber hier meine Sache nicht,
weitläuftig darauf zu antworten, weil hievon Schriften genug am Tage liegen. Wenn aber Gott den Juden das Gesetz nochmals offenbarte und einschärfte, so
führte er dies als eine Haupturfache der Sabbathsfeyer an, daß sie sich der Schöpfung am siebenten Tage
erinnern sollten. 2 Mof. 22, 11. Nun frage ich:
ob sich denn der Schöpfung nur die Juden, oder
alle Menschen zu erinnern haben? Kann man dieses Gebot aus dem allgemeinen Sittengesetz heraus-
werfen, so kann man es mit den andern eben so
machen, und also ohne Gesetz, das ist, ohne Gott,
leben. Dahin ist es freylich wohl mit den Sabbaths-
schändern in allen Ländern, und auch in Polen, abgesehen. Indessen ist die Sabbathschänderey ein
großes Hinderniß in Bekehrung der Juden, welche
Millionenweise dieses Land auf allen Wegen durch-
streichen, und die Christen am Sonntage arbeiten,
ackern, schneiden und erndten sehen: wie denn die
meisten polnischen Gemeinen ihren Parochis die Kir-
chenäcker des Sonntags zur Bitte, wie man sagt,
abschneiden müssen, und dabey ein gutes Werk zu
thun vermeinen. Daß sich die römische Geistlichkeit in Polen aus dem Sonntage gar nichts mache,
will ich durch ein Exempel neuerer Zeit erläutern.
Ein dergleichen Parochus, ließ durch seine Bauern
einem benachbarten dissidentischen Edelmanne allemal Sonntags aus dem Walde Holz stehlen. Der

C   Edel-

Edelmann ließ ihnen durch seine Bedienten einmal
auflauren, um die Holzdiebe zu pfänden. Diese
Holzdiebe aber, welche des Parochi Bruder, auch
einen Clericum, zum Anführer hatten, setzten sich
zur Wehre. Es kam zum Handgemenge, in wel=
chem der Anführer auch seine Tracht Schläge davon
trug. Der dissidentische Edelmann aber, verfiel dess
wegen in einen schweren Proceß: da ihm das Ge=
richt in Posen, um etliche tausend Gulden bestraf=
te, daß er sich der Holzdiebe am Sonntage erweh=
ren wollen, und besonders, weil der Clericus dabey
war geschlagen worden. Folgends decidirte ein öf=
fentliches Judicium, daß das allemal recht sey, was
ein Clericus thue, er mag stehlen oder den Sabbath
schänden. Hiebey will ich gelegentlich noch der bey=
den andern Hindernisse der jüdischen Bekehrung er=
wehnen. Die eine ist der niederträchtige Umgang
mit diesem tückischen und eigennützigen Volke.
Dieb, Schelm, Spitzbube, Hund ꝛc. sind der Ju=
den gewöhnliche Ehrentitel in Polen. Stehen sie
unter dem Schutze ungerechter Herrschaft, so wer=
den sie übermäßig gepresset, auch wohl manchmal
aus eigennützigen und abergläubischen Absichten auf
die Folter gelegt und zu Tode gemartert, wie sol=
ches einige ihren beygemessenen ärgerlichen Historien,
die sie mit den geweihten Hostien sollen gespielet ha=
ben, ausweisen. Die eine davon aus itzigem Se=
culo steht noch in Posen abgemahlet, da die Juden
um die Hostie herumstehen und hineinstechen, daß
das Blut heraus fließet. Durch diese und andre
Gelderpressungen, welche der Jude doch wieder an
den

dem armen Landmanne erwuchert, bringen sie diesem, ohnedem verstockten Geschlechte, ein erbitter-
tes Herz-ben gegen das ganze Christenthum. Das
andre Hinderniß ist die an allen Ecken der Stadt
und Wegscheiden der Dörfer ausgestellte Bildnisse
der Heiligen und Crucifixe. Ben und unter diesen
Bildnissen sieht der Jude allerlen gottesdienstliche
Handlungen verrichten. Hier findet er eine ganze
Versammlung, welche kniend daben singet und be-
tet, diesen und jenen Heiligen anrufet und göttlich
verehret. Dort siehet er einen einzelen Menschen
vor einem Bilde betend liegen, an die Brust schlagen und es sehnlich ansehen, ja überhaupt einen jeden Vorbengehenden es mit einer tiefen Verbeugung
zu verehren. Hin und wieder findet er an diesen
Bildnissen ein Stück von Kleidung, vom Hemde,
und dergleichen hangen, wodurch man dem Vorge-
ben nach, diesen und jenen Kranken geheilet, die
Unfruchtbaren fruchtbar gemacht, u. d. m. Wie
kann der Jude anders aus diesem Bezeigen schliessen,
als: das sind abgöttische Heiden, die da ausdrücklich wider das klare Wort Gottes handeln, welches
uns Gott, in Ansehung des Götzendienstes, so scharf
eingebunden hat: Ihr sollt euch keinen Götzen
machen, noch Bild, und sollt euch keine Seule
aufrichten, noch keinen Mahlstein setzen in eurem
Lande, daß ihr davor anbetet: denn Ich bin der
HErr euer GOtt, heißt es im 3 Mos. 26, 1; welches zwar die Vulgata übersetzet: ut adoretis eum.
Allein, Lutherus hat es genauer nach der Grund-
sprache gegeben: ad incurvandum se illi, sich vor

Ihm

Ihm zu beugen oder zu knyfiren. Der Jude muß
auf diese Weise einen Abscheu vor dem Christenthume bekommen, und beurtheilet die Christen überhaupt nach diesem ihrem Bezeigen. Ich will eben
keinen Bilderstürmer abgeben, und es für Abgötte-
rey schelten, sich unter einem Bilde das Andenken
eines frommen Lehrers, Prophetens oder Apostels,
aufzubehalten, oder sich auch bey dem Creuße des
gekreußigten Heilandes zu erinnern. Allein, wozu
soll das Beten, Beugen und Huthabnehmen vor
dem Holze? Die Schrift altes und neues Testaments verbietet uns das, und der gesunden Vernunft ist es widerlich, daß man ihr zumuthet, etwas lebloses, ein Bild, Holz oder Steine zu verehren, und das schon halb verwischte Gesetz dadurch
vollends auszulöschen. Ich weiß wohl, daß viele
von den römischen Bischöfen selbst hierinnen andere
Gedanken hegen; allein sie platzen doch selten damit
heraus, und lassen also das Volk in ihrer Blindheit. Als vor einigen Jahren ein gewisser Fürst-
Bischof ein neues Bild über der Thüre sahe, welches der dasige abergläubische Probst dahin gestellet hatte, so fragte der Bischof, was das für ein
Bild sey? Der Probst antwortete mit einiger heiligen Mine: Das ist ein Bild, welches ein neuer
Abt erst von Rom mitgebracht, wo es an dem Holze des Creußes Christi ist angestrichen worden; daher hat es die Kraft, Feuer, Gewitter und Unglück
abzuwenden. Der Bischof antwortete: Narrenpos-
sen! ein andächtiges Gebet zu Gott gerichtet, wird
mehr helfen, als dieses Bild. Gewiß, Fürstliche
Ge-

Gedanken! nur daß er solche, als ein Bischof, auch seiner Heerde hätte sollen bekannt machen. Wollte man ja hier und dort ein Zeichen des Creußes aufrichten, so sollte' man die dreyfache Aufschrift, besonders die hebräische, darauf setzen, und gegen über ein ander Creuß mit der ehernen Schlange und hebräischen Ueberschrift setzen lassen: Wer gebissen ist, und siehet sie an, der soll leben. 4 Mos. 21. Vielleicht würden manche Juden zum Nachdenken gebracht werden, welchen das Creuß Christi eine Aergerniß wird, wenn sie dergleichen abergläubisches und abgöttisches Zeug sehen, welches die Christen mit dem Creuße vornehmen. Denn das ist das einzige, was mit diesem Volke vorzunehmen ist, daß man sie aus dem göttlichen Worte von Christo Jesu, dem wahren Meßia, überzeuge, und zu nützlichen Gliedern der Republik mache; weil es politisch unmöglich ist, sie aus dem Lande zu vertilgen, ob sie gleich, wenn sie so, wie in Polen, überhand nehmen, ein schädliches Ungeziefer für ein Land sind: denn wenige haben ein bürgerliches Gewerbe, die meisten leben von bloßer Betrügerey, verderben die ganze Handlung, verfahren die Zölle, und bereichern sich mit bloßem Müssiggange. Das Nachtheiligste aber von ihrer Menge ist dieses, daß sie nichts zur Beschützung eines Landes beytragen, und nicht in den Krieg ziehen. Wenn an ihrer Statt Christen wären, so könnte man 50000 Mann Rekruten mehr in Kriegszeiten von ihnen werben: allein so sind sie, wenn es auf den Nußen eines Landes ankömmt, als lauter Nullen zu betrachten. Durch ihre Arglistig-

E 3   keit

keit aber haben sie sich so vest gesetzt, wie die Motten in den Kleidern. Weil die Klöster nicht wissen, wo sie mit allen ihren Capitalien hin sollen, und sich auch nicht gerne damit bloß geben, sondern immer arm heissen wollen, so haben sie fast unzähliche Summen an die Juden, gegen doppelte Interessen verlehnet; wie denn auch viele Weltliche Gelder bey ihnen stehen haben. Diese aufgelehnte Capitalien sind die Juden nimmermehr im Stande zu bezahlen, sondern man müßte ihnen solche meistentheils schenken, wenn man sie aus dem Lande jagen oder doch ihr Gewerbe einschränken wollte. Daher haben ihnen auch auf dem letzteren Reichstage, sowol geist= als weltliche Senateurs das Wort geredet, als man einen heilsamen Vorschlag that, dieses so sehr überhandnehmende Volk ein wenig einzuschränken. Die Städte können bey der großen Menge Juden, welche rechte Blutigel des Landes sind, nimmermehr aufkommen. Diese Landstreicher, welche keinen Winkel im ganzen Lande unbetreten lassen, forschen alles aus auf dem Lande, kaufen es um ein geringes Geld von dem einfältigen Landmanne, besonders Leder und Rauchwerk von wilden und zahmen Thieren. Sie haben unter sich ihre besondre Republik, und taxiren die Lebensmittel der Christen in ihren Schulen, in welchen sie auch auf ihre Art die Christen, besonders die Dissidenten, in den Bann thun, wenn sie sich von ihnen beleidiget finden, und sie dafür durch allerhand tückische Kunstgriffe zu kränken wissen: wie es denn als ein hochmüthiges Volk gegen die Christen überhaupt

haupt sehr verächtlich zu thun weiß, so freundlich
es sich auch daffelbe gegen Welt- und Geistliche stel-
let. Die Herren Geistlichen werden von ihnen überhaupt mit dem Titel Gallach, und die Weltlichen
mit dem Nahmen Porez beehret, welche solche Wörter aus Unwissenheit, als große Ehrentitel annehmen; der Jude aber kitzelt sich darüber, daß er auf
diese Art den Geistlichen einen beschornen Baals-
pfaffen, den Edelmann aber einen Tyrannen nennen
kann. Auch diesem Uebel kann durch gute Schulen
abgeholfen werden, damit die Christen fähig sind,
diese Ungläubigen nicht mit niederträchtigen Schimpf-
worten, sondern mit dem Worte Gottes eines Bessern zu belehren.

Ich würde allzuweitläuftig werden, wenn ich
alle Unfälle berühren sollte, welche sich aus dem
Mangel guter Schulen auf ganz Polen verbreitet.
Eben daher kommt es, daß so wenig erfahrne Mediciner und rechtschaffne Juristen in diesem Reiche
sind. Man hat wegen der Ersteren auf letzterem
Reichstage, eine rühmliche Vorsorge gethan; allein,
ohne die Verbesserung der Schulen in dem eigentli-
chen Polen, wird man niemals weder verständige
Wundärzte noch solche Medicos ziehen, welche gründlich zu curiren wissen, sondern man wird sich, wie
bisher, an vielen Orten mit Judenbadern, verweg-
nen Wurmschneidern und Kühdoctorn behelfen müssen, welche durch ihre Quacksalbereyen viel tausend
Menschen um Leben und Gesundheit bringen.

Das Recht der Natur ist letzteren meistentheils
eine unbekannte Sache. Ihr ganzes Corpus Juris

C 4 sollen

sollen die sogenannten Constitutiones oder Reichsge=
setze ausmachen. Diese verstehen aber, und haben
auch die wenigsten polnischen Juristen; und wenn
auch manche unter ihnen solche hätten, so können
sie doch selten was Gewisses daraus decidiren, weil,
was auf einem Reichstage vestgesetzet ist, auf dem
andern wieder zernichtet worden. Daher geschiehet
es, daß schon beygelegte Sachen und Processe von
mehr als 100 Jahren wieder aufgewärmet werden,
und niemand in seinem Gute sicher sitzet: zumal,
wenn er zu schwach ist, den Proceß hinauszuführen.
Mancher kleiner Edelmann muß dieser Gefahr we=
gen, entweder sein Gut an seinen mächtigen Nach=
bar verkaufen, oder an einen sogenannten Rechtsge=
lehrten um das halbe Geld überlassen, welcher es
mit seinem Ansehen als Richter, durchs Recht be=
haupten kann. Denn zu diesen weltlichen Gerich=
ten und Richtern werden bloße Edelleute genom=
men, nemlich bisher Römische, sie mögen nun die
Rechte studirt haben oder nicht: denn da ist niemand,
welcher sie deswegen examiniret, weil sie ohnedem
da sitzen, nicht das Recht zu handhaben, sondern
durch Bestechungen der Partheyen reich zu werden.
Das einigen Städten von Königlicher Gnade zu=
gelassene Magdeburgische Recht, welches auch die
wenigsten haben, gilt nur so lange, als der Kläger
oder Verklagte damit zufrieden ist; appellirt man wei=
ter, so hat es ein Ende, oder man beruft sich auf
ein erdichtetes Jus locale oder Jus consuetudinarium,
dabey man nach Affecten und eigenem Gefallen han=
delt. Haben die Dissidenten Processe untereinan=
der,

der, oder auch mit andern Glaubensgenoſſen, ſo
müſſen ſie ſich der Aufrichtigkeit ihres Advocaten,
der kein andrer als Römiſch-Katholiſche ſeyn darf,
überlaſſen, der auſſer einigen, nur in polniſchen Pro-
ceſſen gewöhnlichen, dunklen und zweydeutigen Ter-
minis oft weiter nichts verſtehet, als nach dem alten
Schlendrian ein Manifeſt zu ſchmieden, einen Po-
ſeſ, oder Ladebrief, und Actum in Caſtro zu ſchreiben,
und ſich dafür ſeine Hände bis an den Ellenbogen
vergolden läſſet. Es geſchiehet alſo nur von ohnge-
fehr, durch viele Umſchweife, und mit noch mehrern
Unkoſten, wenn der diſſidentiſche Adel ſein Recht
behauptet und der Bürger es erbittet. Die diſſidentiſche Geiſtlichkeit aber und der Bauer hat gar kein
Forum, wo er es ſuchen ſollte. Der diſſidentiſche
Geiſtliche muß geduldig ſchweigen, und dem Bauer,
wenn er ſich ja beklaget, wird a poſteriori mit hundert Prügeln bewieſen, daß er allemal unrecht habe.
Dis iſt die Urſache, warum gemeiniglich der arme
Bauer weder natürliche Ehrbarkeit, noch einiges
Vermögen beſitzet, und wenn er ſtirbt, dem Herrn
dumme und nackte Kinder hinterläßt, welche der
Herr wiederum wie das Vieh aufziehet und zur Arbeit anſpannet. Die größte Glückſeligkeit eines
polniſchen Bauers iſt, wenn er ſich Sonntags oder
Feyertags beſaufen kann. An vielen Orten muß
auch der Bauer ſeine gewiſſe Anzahl in den Krügen
ſaufen, ſonſt hat der Krüger Freyheit vom Herrn,
dem Bauer eine gewiſſe Anzahl auf den Kerb anzu-
ſchneiden, welches auch der Krüger, zumal wenn
er ein Jude iſt, wie an ſehr vielen Orten, mit

Freu

Freuden thut. Auf diese Art ist es darauf angese=
hen, daß der Bauer weiter nichts haben soll, als
des Sommers einen leinenen Kittel, und wenn er sehr
reich ist, auch des Winters einen Schaafpelz. Da=
her kommt es, daß an den meisten Orten daß herr=
schaftliche Land nur obenhin bearbeitet wird, daß der
Tag vergehet, und obgleich der Treiber oder Hett=
mann immer mit dem Kantschuh dabey stehet, so
wird einem Sclaven die Treue nicht eingeprügelt
werden, und der halbe Nutzen von dem so fruchtba=
ren Boden bleibet zurücke. Selbst seinen eignen
Acker bearbeitet der Bauer nicht redlich, indem er
dabey nicht weiter hinaus denket, als wie er zur
Nothdurft das Jahr über seinen Bauch füllen, und
seine Schande bedecken möge. Zum Unterhalte
seiner Seelen, zum Unterrichte seiner Kinder, bleibt
ihm weder Zeit noch Vermögen noch Willen übrig,
weil ihm die wahre Furcht Gottes fehlet. Daß
dieser elende Zustand so vieler tausend Seelen in Po=
len, aus dem Mangel der Schulen, besonders gu=
ter Schulen, herrühre, wird mir ein jeder unpar=
theyischer, vernünftiger und christlicher Leser, ohne
einen weitern Beweis, zugestehen.

Wie ist aber diesem Uebel abzuhelfen? Ich
wollte hierzu einen kurzen Vorschlag machen, der,
wegen des unermeßlichen Reichthums der römischen
Geistlichkeit in Polen, viel leichter, als bey den Dißi=
denten, ins Werk gestellet werden könnte. Es sind
in allen Städten und Klöstern viele müßige Mönche
und Geistliche. Diese könnten den Winter über,
da der Landmann Zeit hat, auf die Dörfer gesetzt

wer=

werden, die Kinder lesen lernen, von den Stücken
des Christenthums aus der heil. Schrift unterrichten, und den Unterhalt dazu aus ihren reichen Klöstern nehmen, welcher auch überflüßig zulangen
würde, damit der arme Landmann mit keiner neuen
Auflage beschweret würde. Auf diese Art würde
das gemeine Volk seinen Schöpfer und Erlöser
besser kennen und verehren lernen, auch seine Pflich-
ten gegen die Obern, und überhaupt die Liebe gegen
den Nächsten, besser und reiner beobachten, und
daraus ein unendlicher Nutzen zum ewigen Heyl
der Seelen, und zur Wohlfahrt des ganzen Landes
hervorspriessen. Allein ich sehe schon im voraus,
daß dieser Vorschlag, welcher schon von vielen redlichen Männern gethan worden, nur von den meisten wird verlacht, wo nicht gar verdammet werden. Darum trit man ja aus dem fürstlichen und
ablichen Stande in den Geistlichen, daß man hohe
Ehrenämter, gute, das ist geile und müßige Tage
haben möge. Wenn diese auch in Polen wegfie-
len, es würden gewiß sehr wenige von den Großen
den geistlichen Stand erwählen. Wären die spanischen Bischöfe auf dem tridentinischen Concilio
mit ihrer Proposition von der Residenz der Bischöfe
durchgedrungen, daß nemlich ein jeder Bischof
in seinem Sprengel bleiben, lehren und predigen,
nicht aber sich in Staats- oder andre politische Händel verwickeln sollte, so würde der Clerus zwar in
Polen nicht so viel Reichthum, Macht und Ansehen haben, allein um das Christenthum, und um
die Wohlfahrt des Landes würde es viel besser stehen,

ob-

obschon der damalige polnische Bischof und Cardinal Hosius auf dem Concilio dieser Proposition am meisten widersprochen: denn er hätte auf diese Art auch bey seinem Bischofthum Wermland, nicht beständig herum reisen, und am kayserlichen Hofe einen Nuntium abgeben können, wenn er in diesem seinem finstern Bisthume selbst lehren, oder doch wenigstens die Inspection über die andern Geistlichen haben sollen. Er war vielmehr in seinem Gespräche mit Brentio selbst der Meinung, daß (fides carbonaria) der Köhler-Glaube genug sey zur Seeligkeit, und daß ein Kreuz alle Geheimnisse des catholischen Glaubens in sich halte. Folgends würde ihm und seinen Nachfolgern, die wohl den Nahmen und die damit verknüpfte Wollüste dieser Welt, nicht aber die Arbeit lieben, mit guten Schulen wenig gedienet seyn. Es ist besser, der Leye bleibt dumm und unwissend in Religionssachen, so muß der Pfaffe hernach von ihnen angebetet werden, und der arme Leye glauben, was ihm vorgepredigt wird, es mag, wie ihr Catechismus selbst lehret, in heil. Schrift gegründet seyn oder nicht. So predigte einst ein schlauer Geistlicher auf einem polnischen Dorfe, da der Wolf den Bauren etliche Schaafe weggenommen; da habt ihr es, ihr Bösewichter, ihr laßt keine Messe lesen für den Wolf. Werdet ihr nicht Messe lesen lassen, so wird er euch alle Schaafe wegholen. Bald bekam der Geistliche von jedem Bauer ein Schaaf, und las Messe. Eben so werden viel tausend Messen für das Vieh gelesen und bezahlt. Am St. Marcus-Tage, welchen

chen man bis zu Mittage feyret, lieſet man beſonders Meſſe für die Schweine, welche auch deswegen
dieſen Tag in Polen faſten müſſen. Dieſer Grund-
ſatz: Das Volk muß in Unwiſſenheit erhalten werden, iſt von Hoſii Zeiten an bis dieſe Stunde richtig behauptet worden.

Mich wundert nur, wie ſich der letzte Nuntius,
Angelus Maria Archiepiſcopus Ancyranus, in ſeiner ausgeſtreuten Proteſtation wider den letzten
Reichstag 1768. ſo unverſchämt erfrechen können,
zu ſagen: Durch die erlaubte Religionsfreyheit der
Dißidenten würden die mit Chriſti Blut erlöſete
Seelen in das ewige Verderben geſtürzet, und die
itzt im Finſterniß und Schatten des Todes Sitzende
vom Lichte der Wahrheit abgehaltenſwerden ꝛc. "eo,
„errori latus aperitur aditus ad impune graſſandum
„et ad animas pretioſo J. Chriſti ſanguine redemtas
„in æternam perniciem pervertendas, aut &c. Jam
„in tenebris et umbra mortis ſedentes a veritatis lu-
„ce longius arcendas ac facilius alienandas &c.".
Was muß er denn durch das Licht der Wahrheit
verſtehen? Ich verſtehe dadurch mit allen wahren
Gläubigen A. und N. Teſtaments, Chriſtum und
ſein Wort. Welcher Papiſte in Polen (denn davon
iſt hier nur die Rede) weiß denn was von dieſem
Lichte? Er kann und darf das Wort Gottes ja
nicht leſen, er hat aus der Schule davon auch
keinen Unterricht, und alſo iſt es wohl der ſo ge-
nannte Katholick in Polen, welcher im Schatten
des Todes ſitzet, und der würde ja durch die edle
Freyheit, nach der göttlichen Schrift, und nicht
nach

nach Menschensaßungen zu glauben, aus diesen finstern Schatten herausgerissen, und nicht hinein gestoßen. Mit einem Worte, der Herr Angelus muß nebst seinen Collegen die Blindheit des gemeinen Mannes in Polen nicht gewußt haben, oder Unwissenheit und Dummheit muß bey ihnen das Licht der Wahrheit heißen. O wenn er doch als ein rechtschaffner apostolischer Gesandte dem polnischen Volke das Wort Gottes, als das wahre Licht, statt seiner Schimpfungen wider die Dißidenten, offenbarte, so würde er, statt seines gepredigten Aufruhrs, Christum als das selbstständige Licht in den verfinsterten Herzen seines Volks angezündet, und sie zur Seligkeit gewiesen haben, als welches eines apostolischen Gesandten einziges Amt seyn soll.

Man sieht es aber leyder zu den ißigen Zeiten, welche betrübte Folgen die römische Nuntiatur in Polen nach sich gezogen. Durch sie wurde Lerm zu allen so genannten Conföderationen geblasen, durch sie wurde manches unschuldige Blut vergossen, derer, die da, wie die Männer im Aufruhre wider David, dem Absalon in ihrer Einfalt nachliefen, und um die Sache nichts wußten, als was ihnen der Clerus vorsagte. Durch sie wurden die Empörungen wider den rechtmäßig erwählten Landesherrn, den Gesalbten des HErrn, angestiftet, gebilliget, und schon im voraus alle dabey begangne Mordthaten und Eydbrüche mit Ablaßbriefen begnadiget. Von dieser Nuntiatur erwächset die Macht der übrigen polnischen Geistlichkeit, welche es besonders bey ißigen Unruhen offenbaret hat.

Die

Die Geiſtlichkeit, beſonders in den Klöſtern, über-
reden den Bauer, bey Strafe des Bannes, wider
den Willen ſeines Herrn, zur Conföderation mit
zu gehen, ſie verſchaffen ihnen Gewehr und Geld,
ſie geben ihnen zum Aufruhr wider den König die
ſolenneſte Benedictionen, unter dem Vorwande, daß
ſie für die Kirche ſtreiten, ja ſie reden mit der gröſ-
ten Verachtung von dieſem geſalbten Haupte, und
bringen dem Pöbel gleiche Gedanken und Reden
bey, welche ſie ungeſtraft und unverſchämt auch
auf der Kanzel von ſich hören laſſen.

Drittes Capitel.
Die Schulen der Dißidenten betreffend.

Wir wenden uns zu den Dißidenten in Polen,
und betrachten kürzlich den Zuſtand und
ihige Beſchaffenheit ihrer Schulen. Unter dem
Nahmen der Dißidenten werden nunmehro allein
diejenigen chriſtlichen Religionen begriffen, welche
von der römiſchcatholiſchen Religion in vielen
Grundſätzen des Glaubens abgehen. Sonſt hieſſen
alle chriſtliche Religionen in Polen, die römiſche
mit begriffen, Diſſidentes inter ſe in Religione
Chriſtiana, Chriſten, welche noch ſtreitige Glau-
bensartikel unter ſich haben, in welchen ſie noch
nicht

nicht einig werden können. In diesem Verstande wird das Wort Dissident in allen alten Königl. und Reichsschriften, auch polnischen Autoribus des 16 und 17ten Seculi genommen, bis es endlich am Ende des 17 und in diesem 18ten Seculo bloß denen Lutheranern, Reformirten und Griechen ist beygeleget worden. Die Schulen derselben sind in Polen ebenfalls in Verfall gerathen. Hohe Schulen für die Dissidenten sind gar nicht in diesem weitläuftigen Reiche. Es wurde zwar in dem 11ten Canone der Thornischen General-Synode vestgesetzt, daß mitten im Reiche eine Hauptschule oder Universität, nebst andern guten Schulen sollte erbauet werden, auch wurden im 12ten die Mittel dazu ausfündig gemacht; allein es ist dieser heilsame Vorschlag, theils wegen offener Kriegs-Troublen, theils wegen der kläglichen Trennung der Dissidenten, ins stecken gerathen, wozu der römische Clerus treulich geholfen, daß nemlich die Dissidenten selber einander in den Haaren lagen, und er desto besser im Trüben fischen konnte. Nunmehro, da die reichsten Familien zur Zeit der Anfechtung, da sie von allen Würden und Ehrenstellen des Reichs ausgeschlossen wurden, vom Evangelischen Glauben abgefallen, und dadurch die inneren Quellen zu Aufrichtung der Schulen versiegen, wird es sehr schwer fallen, ohne mildreiche Beysteuer auswärtiger Glaubensbrüder, dieselben wiederum in den gehörigen Stand zu setzen, denn der Verfall des Schulwesens ist sehr groß in Polen. In dem polnischen Preußen, z. E. in Danzig, Thorn, Elbingen ꝛc. sind zwar noch gute Gymnasien, welcher

sich

sich die polnischen Dissidenten, die nebst andern Studiis noch etwas Polnisch lernen wollten, bedienet haben; allein, sie sind theils zu weit, theils ist es auch zu schwer für die Großpolnische Jugend, die polnische Sprache daselbst zu erlernen; welche Sprache zwar kein wesentliches Stück eines Gymnasii überhaupt ist, allein zu einem polnischen Gymnasio ist es ein ganz nothwendiges Stück, welches ich hernach beweisen werde. Es sind zwar in Großpolen noch immer einige gute Gymnasia und Stadtschulen gewesen, als Bojanowa, Lissa, Fraustadt rc.; allein es sind selbige eben darum in Verfall gerathen, daß man nach und nach die polnischen Lehrer in lauter deutsche verwandelt, selbige schlecht salariret, und auch deshalb meistentheils leichte Subjecta dazu genommen und bekommen hat. Ich will es gar nicht erst beweisen, daß die Dissidenten schlechte Schulen in Polen haben, ein redlicher Dissidente wird es mir ohne Beweis zugeben. Die Erfahrung wird mir, sowol in den verflossenen, als besonders in den letzteren Jahren, da der große Nutzen und nothwendige Gebrauch der Schulwissenschaften, vorzüglich am dissidentischen Adel auf den Reichs- und Landtägen am meisten in die Augen leuchtete, das Wort reden. Ich will nur kürzlich die Ursachen der schlechten Schulen berühren, und einige Mittel vorschlagen, dieselben zum Heil der Seelen und Flor des Landes anzuwenden. Gelehrtere Männer mögen meinen Vorschlag erwegen, verbessern, und ihn weiter hinausführen.

D   Die

Die Ursachen der schlechten dissidentischen Schulen in Polen sind hauptsächlich zweyerley. Die erste ist der große Druck, welchen die Dissidenten von dem Römisch-Catholischen Clero erdulden müssen; wovon die Beschwerden von allen, und besonders von den letzteren Reichstagen, zum Beweise dienen. Dieser hat mittelbar und unmittelbar daran gearbeitet, daß, wie gedacht, viele Große die Evangelische Wahrheit verlassen und die Welt lieb gewonnen, folgends die Einkünfte der Schulen dadurch geschwächet, die dazu bestimmten Legata wiederum eingezogen, und an die, ohnedies reiche Klöster, vermacht worden. Unmittelbar hat dieser Clerus daran gewirket, daß viele dissidentische Schulen durch ihre Verfolgungen sind zerstöret worden, oder doch in Verfall gekommen, wovon das Thornsche Blutbad von 1724 ein trauriges Exempel abgiebet. Nach diesem Vorfalle wurden viele, sowol Adliche als Bürgerliche, abgeschreckt, ihre Kinder dahin zu schicken, wo sie wegen der muthwilligen Jesuiter-Studenten in täglicher Lebensgefahr stehen mußten. Nur sparsam besuchten hernach die polnischen Kinder dieses Gymnasium, wo noch einige polnische Lehrer anzutreffen, die in der Landessprache Unterricht geben konnten: denn in den andern Evangelischen Großpolnischen Schulen war die polnische Sprache ganz verloschen, und die Noblesse ließ ihre Jugend bloß zu Hause von Privat-Lehrern unterrichten.

Aber auch die Dissidenten selbst haben das Ihre zu dem Verfalle der Schulen beygetragen. Der
Adel

Adel sowol, als die Magistrate der dissidentischen
Städte, liessen bey den langwierigen Verfolgungen allen Muth sinken, wurden verzagt, und endlich so laulicht und gleichgültig in Ansehung der
Unterrichtung ihrer Jugend, daß sie auf Errichtung,
oder wenigstens auf Erhaltung guter Schulen, nicht
mit rechtem Ernst und Eifer mehr bedacht waren.
Die Adlichen sahen, daß sie ohne die polnische Sprache in Polen nicht fortkommen konnten: denn alle
Processe in allen Gerichten, werden polnisch und la-
teinisch geführet, und alle Instrumenta und Privilegia sind in dieser Sprache verfertiget. Kann ein
polnischer Edelmann diese beyde Sprachen nicht, so
muß er sich vollends als ein Blinder von den Advocaten und Richtern, die keine Dissidenten seyn dürfen, führen lassen, wohin sie wollen, da er ohnedem das odium religionis vor sich hat. Sie schick-
ten also, ich sage von den meisten, ihre Kinder nach
Posen zu den Jesuitern. Diese suchten die leichtgläu-
bige Jugend entweder mit List, Versprechungen und
Drohungen zum Abfall zu verleiten, oder sie gingen
doch so ungetreu mit ihrem Unterrichte um, daß die
meisten solcher dissidentischen Discipeln weiter nichts,
als gebrochen Polnisch, und ein paar Schock lateinische Wörter, welche sie ihnen ohne Verstand eingeprügelt hatten, nach Hause brachten, mit welchen sie sich weder in öffentlichen Gesellschaften zeigen, noch in öffentlichen Gerichten helfen konnten.
An die andern Wissenschaften, als Historie, Geographie, Mathesin, oder eine reine Philosophie,
und was sonst einem Edelmann nöthig, war gar

nicht

nicht zu gedenken. Einige hielten sich zu Hause ei=
nen polnischen Hofmeister oder sogenannten Jesuiter=
Studenten, und diese kamen eben so übel an. Das
Christenthum ging dabey immer verloren, weil dieser
in weiter nichts als in der Sprache informirte; und
wer nicht zwey Hofmeister zugleich hatte, einen
Evangelischen und einen Römischen, welches die
wenigsten im Stande sind, der hatte für seine Kin=
der immer eine elende Erziehung. Ja dieses Elend
war nun schon so groß, daß, da viele von ihren
Eltern schon eben solche schlechte Erziehung gehabt,
sie das Elend nicht mehr einsahen, und es wohl ei=
nem Prediger oder redlichem Freunde übel nahmen,
welcher sie hierinnen tadelte. Es ist freylich nicht
zu leugnen, daß es dem dissidentischen Adel weit
mehr koste, als der übrigen Noblesse von ganz Eu=
ropa, wenn er seine Kinder nach dem in heiliger
Schrift gegründeten christlichen Glauben, in guten
Sitten, und in denen für sein Vaterland nützlichen
Sprachen und Wissenschaften will unterrichten las=
sen. Weder die polnische Rechte, noch die polni=
sche Sprache, werden auf ausländischen Schulen und
Universitäten tractiret. Inländische sind nicht für
die Dissidenten, wo besonders beyde Wissenschaften
getrieben würden, und es muß sich ein Dissident
blutsauer werden lassen, ihnen diese Künste gleich=
sam in ihren Kanzeleyen abzustehlen, und keine Ko=
sten sparen, einen rechten Begriff und Erkenntniß
der polnischen Sprache und Rechte zu erlangen.
Darum gibt es ja wol freylich noch einige vom dissi=
dentischen Adel, welche, nebst andern Wissenschaf=

ten

ten, auch diesen beyden vorerwehnten gewachsen sind; allein, es sind ihrer doch immer, in Betrachtung der an sich selbst noch großen Menge dieses dissidentischen Adels, in Groß- und Kleinpolen, Preussen und Lithauen, sehr wenige, und manche hätten, des Mangels der guten Schulen ohnerachtet, dennoch etwas mehr an ihrer Jugend thun, oder wenigstens den gethanen Aufwand derselben, auf nöthigere und nützlichere Sachen wenden können.

Viele erzogen ihre Kinder nur galant nach dem itzigen Staats-Seculo, da man die Religion bey den meisten nur als ein Nebenwerk betrachtet. Wenn die Kinder nur gut tauzen, springen, und wenns hoch kam, in französischer Sprache ein gut Compliment machen konnten, da hatten sie ihren vornehmen Stand gerechtfertiget; um das Christenthum, um die lateinische und polnische Sprache oder polnischen Statum, mochte es in ihrem Kopfe aussehen wie es wollte. Manche liessen sie aus Geiz wenig oder gar nichts lernen, und meinten, es sey schon genung, wenn sie nur auf ihrem Rittersitze gute Wirthschafter vorstellen, und ihren Kindern alsdenn wiederum ein Dörflein mitgeben könnten, weil ohnedem in Polen alle Hoffnung verlohren zu seyn schien, daß ein Dissidente sich durch wahre Verdienste der Wissenschaften und der Tapferkeit empor schwingen könne; da es doch auch hier heißt: Dies sollt du thun, und jenes nicht lassen. Denn es wird mir ein jeder Patriot zugeben, daß, wie unter dem polnischen Adel überhaupt, also unter dem dissidentischen insbesondere, diese drey Stücke nothwendig

D 3   sind,

sind, wenn er wiederum zu seinem vorigen Glanz
gelangen will. Erstlich müssen unter dem Adel Gelehrte seyn, nemlich gründliche Gelehrte, welche
den Grund ihres Glaubens, da sie Christen sind,
und in einer weiten Grenze mit Türken und Heiden
zu thun haben, aus dem Worte Gottes behaupten;
und gegen Jedermann, er sey geistlich oder weltlich,
vertheidigen können, ja welche soviel weltliche Wissenschaften besitzen, als zum Flor des Landes und
ihrer eignen Wohlfahrt vonnöthen ist, wozu ich vor
allen andern die Landesrechte, die Landessprache,
die Meß- und Baukunst verstehe. Zweytens müssen
sich vom Adel noch mehrere, als bisher geschehen,
auf die Kriegskunst legen, einheimische und frembde
Dienste annehmen, zuvor aber in der Historie, Geographie und Mathesi wohl beschlagen seyn, damit
sich eben dadurch der Adel vom gemeinen Manne
selbst unterscheide, und folgends der alte polnische
Ruhm gegen alle Nachbarn, sowol mit der Feder
als mit dem Degen, erneuert und behauptet werde.
Drittens müssen unter dem Adel auch gute Wirthe
seyn, nicht aber Geizhälse, sondern Freygebige, welche die ersten beyden Classen der Ritterschaft, die ihr
Gut und Blut mit zum Besten des ganzen Reichs
dran setzen, in der Zeit der Noth mit Gelde unterstützen, nicht aber ihr gesammletes Vermögen in den
Kasten verschliessen oder mit unnützem Staate ver-
schwenden, oder es in fremde Länder liederlich ver-
schleppen, und dafür das Vaterland mit französi-
schen Thorheiten anstecken.

Wie

Wie weit nun bisher in den letzteren Zeiten dieſe Regeln beobachtet worden, und wie viel der Mangel guter Schulen an dem Ruhme des wahren Adels hinderlich geweſen, gebe ich ſelbſt dem vernünftigen Leſer zur eignen Ueberlegung.

Wie viel die Stadt-Obrigkeiten in den kleinen oder mittelmäßigen Städten zum Verfall der Schulen beygetragen, will ich nicht weitläuftig erinnern, oder mit nahmentlichen Exempeln beweiſen. Exempla ſunt odioſa, Exempel ſind unangenehme Sachen. Das ſchlechte Salarium welches für die meiſten Schul-Collegen beſtimmt iſt, da an vielen Orten ein Rector Scholæ, oder was er ſonſt als ein Litteratus für Nahmen führet, jährlich kaum 30 bis 40 Rthlr. fixum hat, und es mit Schulgeld und allen Accidentien nicht auf 100 Rthlr. bringet, macht entweder ſchlechte oder verdroſſene Schullehrer. Ein Candidat, der nur mittelmäßige Studia hat, und ſich nur ein wenig fühlet, ſeine Beförderung auf eine andere Art als in der Schule zu haben, fürchtet ſich für ſolchem Amte, dabey er, zumal mit einer Familie, halb verhungern müßte; und hat er es ja angenommen, ſo ſehnet er ſich, ſo bald als möglich, hinaus. Folgends ſieht man ungleich mehr gelehrte Stümper als geſchickte Leute in den Schulämtern ſitzen, welche endlich, wegen Armuth und Verachtung ihres Amts, die gehörige Luſt und Treue zur Information verliren; welches wohl freylich in Erwartung jener himmliſchen Belohnung nicht ſeyn ſollte, allein nicht jedermann faſſet das. In der Wahl guter Schulleute, wird es zwar auch oft in

D 4   den

den Ländern und Städten ausser Polen versehen;
allein in Polen noch besonders darum, weil sich der
Magistrat, oder der Bürgermeister einer Stadt,
das Recht, einen Schullehrer zu wählen, meistens-
theils de facto allein zueignet, und als ein Jus
consuetudinarium exercitet, ohne einen Seniorem
des Creyses oder Geistlichen des Orts deswegen
um Rath zu fragen, indem sie dessen Rath einen
Eingrif in die Stadtrechte nennen. Daher geschiehet es, daß so ein Bürgermeister, der zumal keine
Studia hat, und folgends den Candidaten nicht be-
urtheilen kann, sondern theils nach seinem Eigensinne, theils auch nach unrechten Absichten wählet,
auf ein Subjectum fällt, welches nicht einmal die
Stelle eines Dorf-Schulmeisters, vielweniger eines
Stadt-Rectoris verdienet, welcher der Nachwelt gute
Bürger ziehen sollte. Es ist demnach bloß der auf-
serordentlichen Gnade Gottes zuzuschreiben, wenn
noch hier und dort ein Ort mit einem guten Schul-
manne besetzet wird, weil er sich nicht, wie in andern
protestantischen Ländern, bey dem Inspector oder
Superindenten zum Examine stellen darf, welche
gute Ordnung doch ganz nothwendig, auch in Polen, wie vordem, beobachtet werden muß, wofern
anders die Schulen in bessern Stand gesetzt werden
sollen.

Es hat im itzigen Seculo an nichts, als an der
bloßen Leichtsinnigkeit der Patronen und Magisträ-
te, gelegen, daß dieses so nothwendige Stück, zum
Besten des Schulwesens in Polen, ist versäumet
worden. Denn weil manchen Patron und Bürgermeister

meister die leidige Ambition plagte, daß er der Mann
sey, Kirchen und Schulen mit solchen Leuten zu besetzen, die nach seiner Pfeife tanzen müssen; und
weil man das falsche Vorurtheil hegte: in die Schule tauge auch wohl ein verdorbner Candidat und
ein Halbgelehrter, so konnte es auf nichts anders,
als auf den Untergang der Schulen, hinauslaufen.
Aus der falschen Meinung, als sey an den Schulen so viel nicht gelegen, verminderte man die Anzahl der Schullehrer; in unterschiedenen Städten,
wo bisher ein Litteratus der Schule vorgestanden,
nahm man einen Kunstpfeifer-Gesellen, oder sonst
einen verdorbnen Præfectum aus dem Chore, zum
Rector oder Cantor, damit man von ihm zugleich
eine Hof- oder Stadtmusic haben könnte. So mußte das Schulamt einen jeden verächtlich werden,
und es war darauf abgesehen, daß weder dem Himmel, noch auch der Nachwelt auf Erden gute Bürger erzogen würden. Auch war die dissidentische
Geistlichkeit viel zu schwach, es zu verhindern, daß
nicht bey der Besetzung eines geistlichen Amts, worunter ich das Schulamt mitrechne, der römische
Clerus mit eingeflochten wurde, dem es ein gesun-
ner Handel war, im Trüben fischen zu können, alles in Verwirrung zu setzen, und den Evangelischen
in Polen den letzten Stoß zu geben, ja auch bey
dieser Gelegenheit das vexa Lutherum, & dabit
tibi thalerum, vexa Calvinum, & dabit tibi Vinum,
auszuüben.

Die Geistlichkeit selbst, so wenig sie auch leyder
unter den Dissidenten in Polen zu sprechen hat,

D 5 war

war doch an vielen Orten dem Flore der Schulen, wo nicht aus Vorsatz, doch aus Furcht und Nachlässigkeit, zuwider. Es hätte sich doch die Geistlichkeit etwas mehr dawider setzen sollen, wenn solche nichtswürdige Subjecta zu Schulämtern berufen wurden. Allein so wollte man sich niemand zum Feinde machen, unter dem Vorwande, daß man doch nichts ausrichte. Das letztere ist wol freylich wahr: denn wenn sich Patronus oder Magistratus in diesen Sachen einmal etwas vorgenommen, so kann die evangelische Geistlichkeit mit allen guten Vorstellungen nicht fortkommen, weil sie gar kein Forum hat, wo ihre Beschwerden vorgetragen werden könnten, sie muß ihr Anliegen bloß in der Stille beseufzen. Ja es gibt wohl Exempel, daß Magistratus und Patronus ihren Predigern mit der Absetzung nicht nur gedrohet, sondern sie auch würklich eigenmächtig, ohne die Seniores (welche doch realiter, obschon nicht formaliter, das Consistorium bisher vorgestellet) deswegen zu befragen, vom Amte gesetzet, wenn sie sich entweder nicht nach ihrem Willen bequemen wollen, oder allzuscharfe Gesetzpredigten gehalten, oder auch mit Leibes- oder Gemüths-Schwachheit behaftet waren. Indessen muß doch ein treuer Prediger darum die Hände nicht sinken lassen, ob er auch schon bey der Welt für einen Zänker ausgeschrien würde. Sag es Ihnen, spricht Gott, sie thuns oder lassens; so hast du deine Seele gerettet. Da aber auch dieses von den meisten Predigern in Verbesserung des Schulwesens unterblieben, so haben sie mit am Verfalle desselben gearbeitet. Wenn die

die Geistlichkeit selbst mit rechtem Ernste fortgefahr
ren wäre, nach dem Vorbilde unserer gottseligen
Vorfahren, in den Stadt- und Dorfschulen öfte-
re Examina zu halten, und gute Vorschläge zu Verbesserung des Salarii der Schullehrer zu machen, so
würde auch dieses ein vieles zur Aufmunterung
des Fleißes und Erlangung besserer Lehrer beygetragen haben. Allein, anstatt dem verachteten
Schulstande aufzuhelfen, drückt sowol der weltliche
als Predigerstand denselben an den meisten Orten
noch viel tiefer in den Staub hinein; und ist mancher von dem thörichten Vorurtheil eingenommen,
daß der Schulstand ganz und gar nicht zum geistlichen Stande gehöre, welches doch wider die Schrift,
die Vernunft, und alte Gewohnheit des Landes
läuft. Es ist bekannt, daß die jüdische Priesterschaft vor und nach der Ankunft des Messiä, sowol
die Alten als die Jugend unterrichtet, wie Good-
win und Ligtfoot aus den berühmtesten Rabbinen
beweisen. Man findet nicht, daß der Unterricht
der Jugend sie sollte geringer gemacht haben als die
andern Lehrer. Die großen Propheten selbst unterrichteten die Jugend, hatten ihre Schüler oder
Prophetenkinder 2 B. der Kön. 6, und Elisa nannte seinen Lehrmeister in dieser Absicht seinen Vater.
2 B. der Kön. 2. Christus sazte sich, nebst andern
Kindern, zu Jerusalem zu den Füßen der großen
Lehrer nieder, daß er ihnen zuhörete. Er schämte sich
nicht, die Kinder zu lehren und sie zu sich zu rufen.
Matth. 19 und 21. Denn die Kinder, die im Tempel waren, wurden durch den deutlichen Unterricht
Jesu

Jesu erleuchtet, und vom heil. Geiste getrieben, das Hosianna auszurufen. Gamaliel, ein Mann von großem Ansehen, ein Beysitzer des großen Synedrii zu Jerusalem, war doch ein Lehrer der Jugend, zu dessen Füßen Paulus gesessen und von ihm in der Jugend unterrichtet worden. Apg. 5 und 22. Es war auch in der ersten christlichen Kirche kein Unterschied zwischen den Lehrern der Alten und der Jugend. Ein Bischof, Presbyter oder geistlicher Lehrer, unterrichtete beydes, Große und Kleine, und diejenigen wurden zwiefacher Ehren werth gehalten, welche arbeiteten (εν λογω και διδασκαλια) am Wort, im Predigen das Wort Gottes auszulegen, und im Unterrichten und Kinderlehren 1 Tim. 5, welches Wort didascalia besonders vom dem Unterrichte der Jugend genommen wird. 1 Tim. 4, 6.

Daß Gott überhaupt das Amt, die Jugend zu unterrichten, für ein wichtiges Amt gehalten, sehen wir nicht nur daraus, daß Gott allemal das Amt eines Lehrers und Schulmeisters in der Familie dem Erstgebohrnen übergeben habe, sondern daß er auch ausdrücklich dem Abraham, wie schon gedacht, darum seine Gnade verheissen, weil er seine Kinder in der wahren Furcht Gottes unterrichten würde. 1 Mos. 18.

Es ist auch wider alle Vernunft gehandelt und geurtheilet, daß Personen, welche gleiche Wissenschaften und gemeinschaftliche Arbeit haben, gleichwol für unfähig sollen erkläret werden, gleiche Würde und Belohnung zu geniessen. Ich rede hier von solchen Schullehrern, welche ordentlich studiret,

und

und den Nahmen eines Litterati mit Recht verdienen, welche durch die Kenntniß der Grundsprachen,
fleißige und andächtige Betrachtungen des göttlichen
Worts (als den ordentlichen Weg zur mittelbaren
Erleuchtung) mächtig worden sind, in der heilsamen
Lehre, daß sie die Widersacher ihrer Thorheit über-
zeugen, und den unnützen Schwätzern das Maul
stopfen können. Prediger und solche Schullehrer
arbeiten ja an einerley Seelen, und haben auch einerley Endzweck, nemlich, dieselben Christo zuzu-
führen, und ihre zeitliche und ewige Glückseligkeit
zu befördern. Der Unterschied bestehet bloß darinnen, daß die letzteren mehr Arbeit, und die ganze
Woche durch vom Morgen bis an den Abend mit
einer widerspenstigen Jugend zu thun haben, ja, wie
ein frommer Gottesgelehrter nicht unrecht sagt, in
zehen Jahren zum lebendigen Märtyrer werden.
Sollte man sie ihrer mühsamen Arbeit wegen, ver-
ächtlicher und geringer halten, als andere Lehrer und
Prediger?
Die gottseligen Bekenner der evangelischen
Wahrheit in Polen haben es ganz wohl eingesehen,
daß zu besserer Beförderung und Ausbreitung der
wahren göttlichen Lehre vornemlich gute Schulen aufgerichtet, und die Lehrer derselben in ihrem Werthe
gehalten werden müßten. Daher findet man auch
in den vielen im polnischen Reiche gehaltenen Synoden und Conventen des 16ten Seculi, daß nicht
allein Prediger, sondern auch Rectores, soviel ihrer nemlich von Studirten vorhanden waren, denenselben beygewohnet und unterschrieben; wie auch

unter

unter andern aus der zu Posen 1570; zu Thorn 1595, Sendomir, Pinßow ꝛc. gehaltenen Synoden zu ersehen. Voritzo aber, wenn auch ein Rector in der Stadt zugleich Prediger ist, wird er doch deswegen, weil er Rector Scholæ heißt, von allen Conventen ausgeschlossen, und ihm dadurch gleichsam tacite gesagt, daß er kein geistliches Amt bekleide, oder daß ihn das Schulamt von den Vorzügen des geistlichen Amts ausschliesse. Wie dieses mit der Vernunft, mit der Aufnahme des Christenthums, und dem Wohl des Landes übereinkomme, kann ich nicht begreifen.

Sind aber die Synoden und Convente dazu bestimmet, daß darauf abgehandelt werde, wie die Reinigkeit der Lehre erhalten, die Heiligkeit des Lebens befördert, den Neulingen das Maul gestopfet und die faulen Glieder abgehauen werden; daß eines jeden Standes Nothdurft, und wie den Mängeln am besten abzuhelfen, vorgetragen werde; so weiß ja wol ein redlicher Schulmann aus Erfahrung am besten, was sich hier und dort an seinem Orte im Schulwesen für Mängel ereignen, sein Amt fruchtbarlich zu treiben, und kann dabey seine unmaaßgebliche Vorschläge, gleich Andern, der ganzen Gesellschaft zur Prüfung und Ueberlegung darreichen, wie solchen abzuhelfen sey.

Ich sehe nicht ab, wie durch solche billige Verehrung der Schullehrer jemanden ein Schaden oder Nachtheil zugefüget werden könnte; der Nutzen aber hiervon ist unausbleiblich. Es werden sich gewiß gründlich gelehrte Candidaten nicht schämen,

ein

ein Schulamt anzunehmen, noch auch sich sobald
wiederum heraus zu sehnen. Es wird gewiß leichter mit der Erziehung der Jugend hergehen, sowol
was ihre Sitten als Wissenschaften anlanget. Es
werden gewiß bessere Bürger der Republik, und
bessere Glieder der Kirchen erzogen werden.

Weil man aber hierauf an den wenigsten Orten
bedacht ist, so werden immer schlechtere Schulleute,
welche denn auch unmittelbar das Ihre zu dem Verfalle der Schulen, des Christenthums und des Landes beytragen.

Da man denn zu den meisten Schul-Rectoraten
und Cantoraten, wo noch Litteratos zu nehmen gewöhnlich ist, nur solche Subjecta aufliesset, wie man
sie findet, und wie sie sich anmelden; so müssen denn
auch solche Patroni und Städte zu ihrem und ihrer
Kinder unwiederbringlichem Schaden erfahren, daß
mancher ein Rector heißt, und weiß die Schule nicht
zu regieren. Er soll die Jugend im Latein, Polnischen
und Deutschen informiren, und kann kaum selbst
ortographice schreiben. Von den übrigen Wissenschaften, Historie, Geographie, Arithmetic und
Geometrie; welches für Kaufleute und Handwerker, als Maurer, Zimmerleute, Tischler, Mah-
ler, Bildhauer rc. wenn sie nicht Stümper seyn
wollen, unentbehrlich, will ich gar nicht reden:
Und wo bleibt das Vornehmste, der Wachsthum
des Glaubens und guter Sitten? da man wol oft
sichtbare Schandflecke zum Schulamte befördert, und
in dem thörichten Wahn stecket: ob sie gleich zum
Predigtamt untüchtig sind, so wären sie doch in die
Schule

Schule gut genung; gleich als ob die Jugend
nicht so leicht an öffentlichen Lastern der Lehrer ein
Aergerniß nehmen könnten, als die Alten. Wie
können solche unlautere Schullehrer, die selbst in
herrschenden Sünden leben, und untreu an ihrer
eignen Seele handeln, die gehörige Treue an de=
nen ihnen untergebenen Seelen der zu allen Unar=
ten geneigten Jugend anwenden? Sie informiren
nur, daß sie ihre Stunden zubringen. Es fehlt
ihnen am guten Willen, es fehlt ihnen am Vermö=
gen, oder an der hierzu gehörigen Kenntniß und
Geschicklichkeit. Auf solche Art wird der Grund des
Christenthums sehr seichte geleget, und folgends auch
sehr schlechte Bürger der Republik erzogen. Die=
ser Verfall erstreckt sich vom Hohen bis zum Nie=
dern, vom Adel bis zum Bauerstande. Der dissi=
dentische Adel in Großpolen, Kleinpolen und Preuß=
sen, wohnet meistentheils an den deutschen Grenzen
von Schlesien, Brandenburg und Pommern, wo
die deutsche Sprache geredet wird, obgleich das Land
polnisch ist, und da man wegen der Nachbarschaft
die deutsche Sprache weder im Schreiben noch Re=
den entbehren kann. Gleichwol aber, da er in dem In=
nersten des Landes, in den Gerichten, auf den
Land= und Reichstagen, oder auf andern Versamm=
lungen, ganz nothwendig zu thun hat, so muß er
auch die polnische, als die Landessprache, und zugleich
die lateinische, als die adliche Sprache in Polen, ver=
stehen, will er sich anders nicht in den Processen
hinter das Licht führen, und in Gesellschaften nicht
verspotten lassen. Es fehlt zwar, Gottlob! unter
der

der diſſidentiſchen Adelſchaft nicht an ſolchen Perſo-
nen, welche alle dieſe erzählte Eigenſchaften beſitzen,
und welche im Stande ſind, ſowol in kirchlichen,
politiſchen und Krieges-Angelegenheiten gebraucht
zu werden, und auch noch die Fähigkeit beſitzen, an
in- und auswärtige Höfe verſchickt zu werden; allein
es ſind ihrer doch immer ſehr wenig, in Betrachtung des Ganzen. Es gehört auch mehr als ein
mittelmäßiges Vermögen, mehr als eine gemeine
Klugheit, und mehr als ein kaltſinniger Eifer dazu,
wenn bey den bisherigen Umſtänden ein junger pol-
niſcher Edelmann eine recht chriſtliche und wahrhaf-
tig adeliche Erziehung erlangen ſoll. Denn ich nenne das gar keine adeliche Erziehung, wenn der Jun-
ker bloß ſeine Mutterſprache reden und ſeinen Namen ſchreiben gelernet, etwan zur Pralerey ein paar
Worte Franzöſiſch reden, oder wol gar bis nach
Paris gereiſet, damit er ein franzöſiſch Compliment
machen, und der Dame die Hand küſſen kann; im
übrigen mag ſein Verſtand ſo verfinſtert, und ſein
Wille ſo verderbt ſeyn, wie er immer will. Nein,
das nenne ich mit allen Patrioten eine verderbte
Kinderzucht. Mit dieſen Tändeleyen, wird man
das Heyl der Seelen und das Wohl des Landes wenig befördern. Fehlen gute Schulen, wo ſoll der
Grund zur wahren Gottesfurcht gelegt werden?
Wo ſoll die Kriegs- und Staatswiſſenſchaft herkommen, wenn der Jugend nicht in den Schulen der
Verſtand aufgekläret wird? wenn ſie nicht von der
Welt- und Staatsgeſchichte, von der Geometrie,
um richtig denken zu lernen, und überhaupt von der

Ma-

Mathematik, um den Verstand zu schärfen, einen Vorschmack bekömmt? Gesetzt, es gehen auch manche, aber ohne einen durch gute Schulen aufgeklärten Verstand, angewöhnte Geduld und Aufmerksamkeit, auf auswärtige Universitäten, steigen sie durch ihr aufgeblasenes Wesen, wie Ikarus mit seinen wächsernen Flügeln, bis an die Sonne, so verbrennen sich, und fallen gemeiniglich in das Meer des Verderbens. Sie haben die untersten Stufen des Parnassus überhüpft, damit sie nur den Nahmen eines Studirten erlangen mögen. Es können freylich nicht alle Edelleute studiren, weil sie nicht alle das Vermögen des Verstandes und des Beutels dazu haben; allein, wenn sich der Adel nach der polnischen Einrichtung ruhmwürdig und bey seiner Freyheit erhalten und bevestigen will, so muß er, wie schon erinnert, nothwendig diese drey Stützen, nemlich: gründlich Gelehrte, in der Kriegskunst Erfahrne, und gute Wirthe haben. Was gute Schulen dazu beytragen, bedarf keines fernern Beweises.

Der Bürgerstand, und in demselben besonders die Kaufmannschaft, wird ohne gute Schulen, wie in keinem Lande, also auch nicht in Polen, zum reisen Flore gelangen. Der Kaufmann, welcher in Preussen und Großpolen wohnet, und in das Innerste des Reichs handelt, muß erst nach einer langen Reihe von Jahren das im Handel und Wandel benöthigte Polnische lernen, und bringt es bey dem Mangel guter polnischer Schulen doch selten so weit, daß er in der Reinigkeit der Landessprache,

seines

seines Handels wegen, bey mannigfaltigen Vorfäl=
len, mit den Vornehmen des Landes reden, schrei=
ben, polnische Wechselbriefe ausstellen, oder ande=
re zu seinem Vortheil gereichende Angelegenheiten
besorgen könnte. Er muß meistentheils seine Heim=
lichkeiten durch fremde Augen und Hände gehen las=
sen. Der übrige Bürgerstand hat gute Schulen
eben so nöthig. Nicht nur, wie gedacht, wegen
Erziehung guter innländischer Künstler, sondern
auch wegen der polnischen Sprache. Manche Bür=
ger, die solches einsehen, und sich nicht anders zu
helfen wissen, schicken ihre Kinder auf dieses und
jenes polnisches Dorf oder Städtlein, zu einem
Dorf=Schulmeister, diese Sprache zu lernen. Aber,
ohne zu gedenken, daß sie sich an eine rohe Lebens=
art gewöhnen, so bringen sie gemeiniglich nichts
nach Hause, als eine Handvoll zerstümmelter Wör=
ter, mit welchen sie etwan den polnischen Bauer
auf dem Markte anschreyen: wie theuer das Fuder
Holz, oder das Viertel Korn? Werden sie mit
der Zeit in die Gerichts= und Rathsstühle erhoben,
welche in Polen aus der Bürgerschaft besetzet wer=
den, und es finden sich öffentliche Angelegenheiten,
die allein in polnischer und lateinischer Sprache ge=
gebene Privilegia complanationes, Contracte und der=
gleichen Instrumenta nachzusuchen, zu behaupten,
und zum Besten der Stadt, wie in Polen gewöhn=
lich, confirmiren zu lassen, welches allemal, wenn
ein neuer König erwählet worden, geschehen muß,
oder sich darauf zu berufen; so wissen sie nicht, wie
sie sich helfen sollen. Denn es trägt sich öfters zu,

daß

daß nicht einmal ein Advocatus Juratus vorhanden,
welcher beyder Sprachen mächtig wäre, vielweniger
ein Bürger einer kleinen oder mittleren Stadt.
Man muß also die bürgerliche und kirchliche Urkun=
den einem Fremden aushändigen und auf ein Ge=
rathewohl anvertrauen, wodurch schon manche wich=
tige Stücke verlohren gegangen, und schon manche
nachtheilige Puncte den confirmirten Privilegien
einverleibet worden, bloß aus der Ursache, weil
man der Sprache nicht kundig gewesen. Und wer
kann doch alle Fälle benennen, in welchen diese bey=
den Sprachen, nemlich die lateinische und polnische,
dem Adel sowol als dem Bürgerstande höchst nöthig,
ja unentbehrlich ist! Es kann keiner von beyden
Ständen in Polen ein Ehrenamt nach Würden
und mit Nutzen bekleiden, der dieser beyden Spra=
chen nicht mächtig ist. Es kann keiner, wenn er
zugleich im Glauben und andern nützlichen Wissen=
schaften, will unterrichtet werden, hierinnen was
Gründliches lernen, so lange die dißidentische Schu=
len nicht in bessern Stand gesetzet werden, als sie
bisher gewesen sind. Es kann Polen, im Ganzen
betrachtet, weder aus seinem politischen Labyrinthe,
noch aus seiner tiefen geistlichen Finsterniß gerissen
werden, wenn man nicht bessere Mittel und Waffen,
als bisher geschehen, gebrauchet, um den geist= und
leiblichen Feinden die Spitze zu bieten.

Der arme Bauerstand, der erste Stand in der
Welt, der Grund der polnischen Reichthümer,
durch dessen sauren Schweiß, durch dessen arbeitsa=
me Hand vielen Ländern und Königreichen von Eu=

ropa das Brodt, und den polnischen Magnaten das
für ein königlicher Schatz erworben wird, ist wol
in mancherley Absicht der elendeste Stand in Polen,
und hätte auch vor allen andern gute Schulen von=
nöthen. Zwar bedarf er sie nicht um Sprachen oder
andere gute Wissenschaften zu erlernen, oder die
bisherige Art des Ackerbaues zu verbessern: nein,
hierinnen darf er sich nichts merken lassen, sonst
würde der Herr sogleich auf die Gedanken kommen,
als ob er studiren und sich der Unterthänigkeit ent=
ziehen wolle.   Denn weil der Bauer ein Sclave ist,
so darf er keine andre Lebensart erwählen, als wozu
ihn der Herr verdammet. Es bedarf der Bauer die
Schulen nicht, um etwan darinnen zu lernen, wie
er schriftlich oder mündlich seine Nothdurft im Ge=
richte vortragen könne, wenn ihm von seiner Obrig=
keit Ueberlast geschiehet: denn er hat, wie bisher
die dißidentische Geistlichkeit, kein Forum, wo er
klagen könnte, und man erhält ihn mit Fleiß in
dieser dummen Blindheit, damit er sich desto leich=
ter das Joch um den Hals legen lasse; allein, um
seiner Seelen Seligkeit hätte er doch der Schulen
höchst nöthig.

Man mag, wie schon gesagt, wohl hundert
abliche und geistliche Dörfer durchwandern, diejeni=
gen an der deutschen Grenze ausgenommen, man
wird nicht zwey oder drey Seelen finden, die lesen,
vielweniger schreiben könnten, und die den Unter=
scheid eines Christen, Heiden, Türken oder Jüden
wüßten, außer bloß an den Nahmen.   Das Wort
Gottes und ein nach demselben abgefaßtes gläubi=

ges

ges Gebet sind ihm verborgene Sachen. Niemand unterrichtet ihn, niemand lehret ihn etwas anders, als höchstens ein unverständliches Ave Maria! oder Paternoster, dabey es heißt: Ihr wisset nicht, was ihr bittet. Keine Predigt hört er nicht, kein Catechismus-Examen wird auf den Dörfern gehalten. Wie soll er zum geistlichen Verstande kommen? Um dieser armen, verirrten und verlaßnen Schaafe willen, möchten wol evangelische Apostel aufstehen, die mit polnischen Zungen redeten, und diesem Volke das Evangelium in der Muttersprache predigten: denn die römische Geistlichkeit kann vor Wollust und Ueppigkeit nicht dazu kommen. Sie meinet, daß sie ihr Amt redlich genung verwaltet habe, wenn sie dem Volke die Osterbeichte abgehöret, die Taxam stolæ nebst den Decimis richtig eingefordert und verzehret. Und daß zu dieser Aufführung eines römischen Geistlichen der Bischof seines Sprengels selbst nichts saget, kömmt im Grunde alles her aus dem Concilio tridentino und dem Ausspruche des damaligen polnischen Cardinals Hosii, welcher unter andern schreibet: (Laicis lectionem litterarum permittere, est sanctum canibus dare, & margaritas porcis projicere.) Wenn man dem gemeinen Manne die Bibel zu lesen erlauben wollte, das wäre so viel, als wenn man das Heiligthum vor die Hunde, und die Perle vor die Säue werfen wollte. Es mögen es auch schon manche feine Papisten entschuldigen, daß es im Trident. Concilio nicht ohne Unterscheid verboten, sondern man sollte nur um Erlaubniß bitten, die Bibel zu lesen; so

zeiget

zeiget es sich doch in der Praxi in ganz Polen, daß
niemand die Bibel lieset, nicht lesen kann, und auch
nicht lesen darf. Schlug es doch schon der berüch-
tigte Pabst Gregorius VII. dem damaligen böhmi-
schen Herzoge Vratislao ab, als er bey ihm anhiel-
te, daß nur die heiligen Officia in sclavonischer Sprache könnten gehalten werden, unter dem Vorwande: es möchten die heiligen Andachten bey dem gemeinen Volke dadurch verächtlich werden. Ich weiß
selbst hier einige katholische Bauersleute, welche,
da sie aus Deutschland nach Polen gezogen, eine
deutsche Bibel mit sich gebracht, allein dieselbe so
heimlich lesen müssen, daß sie solche im Keller ver-
borgen liegen hatten, aus Furcht, daß sie für Ketzer
gehalten würden, wenn man eine Bibel bey ihnen
anträfe. Zu einem evangelischen Schäfer, deren
in Polen eine große Menge sind, weil sie die Viehzucht besser verstehen und in acht nehmen, als die römischen, kam einst ein römischer Geistlicher zum
Neujahr und sahe die Tochter in der Bibel lesen,
der sich kreutzigte und segnete, und sprach: Das ist
eine Todtsünde, solche Kinder die Bibel zu lesen!
Daraus siehet man, welche Gedanken hiervon diese
Geistlichkeit heget, und bleibt es also dem armen
Bauersmann ohnedem wohl verboten, die Bibel
zu lesen, weil er keine Schule hat, worin er sollte
lesen lernen.

Die argen Früchte dieser aus Verachtung
des göttlichen Wortes sich selbst zugezogenen Blindheit und Verstockung, haben sich ganz besonders in
den letzteren Conföderationen dieses 1769sten Jahrs

E 4

gezei-

gezeiget. Der römische Clerus, welcher die Trieb-
feder aller Aufwiegelungen wider den König und die
Dißidenten ist, hatte bey ihrer Osterbeichte und
Ablassen, dem Adel sowol als den Bauren, diesen
gottlosen Grundsatz eingepräget: es sey keine Sünde,
einen Dißidenten, oder, wie er nach ihrem falschen
Vorurtheil heißt, einen Ketzer umzubringen und ihn
zu berauben; ja sie thäten dadurch vielmehr gute
Werke, weil es zur Wohlfahrt ihrer Kirche gerei-
che. Daher verübten sie öffentlich und heimlich die
grausamsten Mordthaten und Diebstäle, brachen,
besonders den evangelischen Geistlichen, in ihre Häuser, brachten sie um, wenn sie ihrer habhaft werden
konnten, verjagten sie von ihren Kirchen und be-
raubten sie ihrer Haabseligkeiten, wie die öffentlichen
Zeitungen davon nur wenige Fälle berühret. Dürf-
te und wollte der blinde Pöbel die Bibel ansehen,
so würde er die Liebe statt des Hasses zum Panier
eines Christen finden, und durch die Kraft des heiligen Geistes, als eines Geistes der Liebe, ganz anders denken lernen.

Doch aber auch bey dem dißidentischen Landmanne äussert sich ein großer Mangel an guten Schulen. Wo dißidentische Herrschaft ist, gehet es noch
wol so mittelmäßig an, wiewol auch schon manche
von dem falschen Vorurtheile angesteckt sind: der
Bauer muß dumm seyn und nichts lernen. Allein
wo es auch eine Herrschaft mit den Predigern redlich meinet, das Schulwesen auf den Dörfern zu
verbessern, und niemand in der evangelischen Kirche
zum heil. Abendmahl (als ad Sacramentum Confir-
mationis)

mationis) zu laſſen, der nicht die h. Schrift zu leſen
und von den Grundwahrheiten des evangeliſchen
Glaubens Rechenſchaft zu geben weiß; ſo legen ſich
doch dieſem nützlichen Unternehmen tauſend Hinder-
niſſe in den Weg, und man kann mit demſelben
nicht ſo fortkommen, als man wollte. Bald fehlt
es an tüchtigen Schulmeiſtern, welche gut catechi-
ſiren, ſchreiben, rechnen und leſen können, weil
man ſie gemeiniglich ohne Beruf und Willen des
Predigers erwählet; bald auch an dem benöthigten
Unterhalte, weil die meiſten Dorfſchulmeiſter-Stel-
len in Polen ſo beſchaffen ſind, daß ſich kein ehrli-
cher Mann, der nicht eine andre Profeßion treibt,
darauf ernähren kann. Doch das ſind Klagen,
welche ſich auch in andern dißidentiſchen Ländern er-
äugnen können. Dieſer Mangel aber findet ſich
nur in Polen, und denen unter gleichem Drucke
ſeufzenden Landen, wenn dißidentiſche Unterthanen,
unter dem Vorwande einer ihnen zugeſtandenen
freyen Religionsübung, unter römiſcher Herrſchaft
leben; die ihnen gleichwol keinen evangeliſchen
Prediger zuläßt, ſondern ſie müſſen ſich ſolchen viele Meilen weit ſuchen. Der päpiſtiſche Geiſtliche
verrichtet bey ihnen nicht nur alle Taufen, Trauun-
gen, und läßt ſich die Begräbniſſe theuer bezahlen,
ob er gleich nichts dabey thut; ſondern er bringet
ſich ihnen auch in der Krankheit auf, und ſteckt oft
den ohne Verſtand liegenden Kranken das verſtüm-
melte Abendmahl in den Mund, damit es heiſſen
muß: er iſt Römiſch-Katholiſch worden, und hernach alle ſeine Kinder dieſe Religion annehmen müſ-

E 5 ſen

sen. Um Evangelische an sich zu locken, und durch
sie Städte und Dörfer anzubauen, verspricht man
ihnen alles, und auch eine Schule zu halten, wie
deren noch viele sind, in welchen sich sogenannte
Vorleser finden, besonders in denen Hauländern
oder ausgehauenen und neugemachten ländereyen.
Was sind aber diese Vorleser, oder wie sie mit Recht
heissen, Verleser, für leute? Es sind gemeiniglich
verdorbene, versoffene und verlaufene Studenten,
oder sonst liederliche Handwerker, die nicht gern arbeiten wollen, und auch die Schule, als das Haupt-
werk ihres Amtes, gar nicht achten. Daher ein alter frommer polnischer Prediger ganz recht sagte:
Die Verleser sind vollends des Teufels Grundsuppe
in Polen. Sie sind in denen Gemeinen, wo keine
Prediger seyn dürfen, und wollen daher Prediger
vorstellen. An statt daß sie eine gute Postille dem
Volke vorlesen sollten, so plaudern sie den einfältigen leuten etwas aus ihrem eignen Gehirne vor,
um sich groß zu machen, daß sie auch predigen können. Dabey aber werden sowol die nöthigsten
Glaubens- als Sittenlehren verabsäumet, keine
Kinderlehren gehalten, und niemand recht in seinem
Glauben vest gesetzet. Ueberdies halten diese Verleser noch wol ihre Zuhörer davon ab, in eine ordentliche Kirche zu gehen; da denn die meisten Hauländer keinen Prediger zu sehen bekommen, als
wenn sie des Jahrs einmal zum Abendmahl gehen.
Die Prediger können diesen leuten und ihren Ver-
lesern auch nicht wohl beykommen, weil solche Hau-
länder-Gemeinen ganze Meilen weit von einander
zerstreuet

zerstreuet liegen, und sich in Ansehung der Commu-
nion, bald zu diesem, bald zu jenem evangelischen
Prediger halten, oder mit ihren Kindern einschleichen, wo sie am leichtesten, nach ihrer Meynung,
durchzukommen gedenken: denn die andern Actus
Ministeriales, darf ohnedem kein evangelischer Prediger verrichten, er mag dessen Beichtvater seyn
oder nicht. Folgends ist einem treuen Hirten alle
andre Gelegenheit, solche irrende Schaafe zu unterrichten, abgeschnitten; und da auch dergleichen Verleser sich von keinem Prediger zu ihrem Amte prä-
pariren oder examiniren lassen, ist es wol eine son-
derbare Gnade Gottes, daß ihrer nicht noch mehr,
als wol hin und wieder geschiehet, zur Zeit der Anfechtung abfallen. Solcher sogenannten Hauländer
sind in Polen nicht wenig, sondern wol viele Tausend zu zählen, die alle nirgendshin eingepfarret sind,
nemlich bey keinem evangelischen Prediger, und auch
selten einen tüchtigen und treuen Schulmeister oder
Verleser haben. Gott erbarme sich ihrer, und
sende ihnen Lehrer nach seinem Herzen in Kirchen
und Schulen! Nach der bisherigen Beschaffenheit
des Landes, ist es menschlicher Hülfe zu ihrer Verbesserung nicht möglich gewesen, weil es der römische Clerus, welcher in solchen Sachen in Polen
mehr zu sagen hat, als alle Herrschaften, nimmermehr zuläßet, daß die Evangelischen gute Schulen
auf dem Lande haben sollen; sondern es vielmehr
gern siehet, wenn er nichtswürdige Schulleute un-
terschieben und unterstützen, die redlichen aber ver-
drengen kann.

Viertes

Viertes Capitel.

Wie diesem Verfalle abzuhelfen.

Wie ist aber diesem großen Elende in Polen abzuhelfen? Wie sind die Schulen bey allen
Religionsverwandten überhaupt zu verbessern, um
dadurch das Christenthum, und folgends auch das
ganze Reich, in einen guten Zustand zu versetzen?
Dieses Reich, welches in Europa seines gleichen
nicht hat, liegt unter einer Himmelsgegend, welche
den Einwohnern wegen der Kälte nicht unerträg-
lich, noch wegen der Hitze zu peinlich ist. Für
das erstere schützt sie genugsames Holz und Pelz-
werk, und für das andere Dach und leichte Kleidung, welche sie sich, obgleich nicht von Seiden-
doch Leinenzeugen zubereiten könnten. Es ist von
so weitem Umfange, daß sich Menschen genung
darinnen aufhalten können, um bey entstandenem
Kriege ihren Feinden, so mächtig sie auch wären,
zu widerstehen, wie sie solches auch in vorigen
Zeiten schon mehr als einmal bewiesen, welches in den Gedanken eines polnischen Patrioten
erst neulich erwehnet worden. Es ist von solcher
inneren Güte, daß es seine Einwohner überflüßig
ernähret, und auch wohl noch die Hälfte davon in
andre Lande verführen kann. Es hat die schönste
Anlage zur Handlung, wenn es sich mit seinen
Nachbarn wohl verstehet. Auf der Weichsel kann
ihr Getreyde nach Schweden, England, Holland,
Frank-

Frankreich, Spanien ꝛc. und auf andern kleinern
Flüßen und zur Axe, weil es nicht an Pferden in
Polen fehlet, nach den deutschen Landen geführet
werden. Woher kommt es, daß so ein weitläuf=
tiges, so ein gesegnetes Reich, welches so viel
Millionen Einwohner ernähret, und wohl noch
dreymal so viel ernähren könnte, sich gleichwohl in
einem so schlechten Zustande befindet, daß es kaum
mit einer Provinz oder Republick zu vergleichen,
welche 30 oder 40 Meilen im Umfange hat. Es
hat sich in seiner Schwäche niemals so bloß dar=
gestellet, als in diesem Seculo. Es war weder im
Stande, seinen Bundsgenossen beyzustehen, noch
sich bey einer rühmlichen Neutralität zu erhalten,
vielweniger aber seine Grenzen zu besetzen und zu
beschützen. Woher kommt diese Schwäche, da Po=
len noch vor diesem Seculo allen seinen Nachbarn,
einzeln betrachtet, gewachsen, ja überlegen war?
Sie ist im Grunde in nichts anders, als in dem
Mangel guter Schulen, zu suchen. In vorigen
Zeiten hielten sich Polen und andere angrenzende
Reiche einander die Wage: denn sie hatten in An=
sehung der Religion einerley Regeln und Schick=
sal. Nach angefangener Reinigung der christ=
lichen Religion in Deutschland aber, legten sich
alle angrenzende Reiche von Polen auf die Ver=
besserung guter Künste und Wissenschaften. Die
mathematischen und die darauf sich gründenden
Kriegeskünste stiegen bey allen ihren Nachbarn
aufs höchste, Polen allein machte sich nur damit
zu thun, und suchte darinnen seine höchste Weis=
heit,

heit, die Dißidenten, welche aus ihren eignen Brüdern und Gliedern der Republick und des Senats hervor wuchsen, mit List und Gewalt zu dämpfen, das Licht des Evangelii, welches in diesem Reiche mit Gewalt ausbrach, zu ersticken, und die damals schon hier und dort gestifteten gute Schulen zu zerstöhren. Sie liessen sich an denen in dem ganzen Reiche neuangelegten Jesuiter-Schulen begnügen. Darinnen ward die adliche Jugend mit ihrem Jesuiterlatein bis ins 20ste Jahr gemartert, die Köpfe derselben, wenns hoch kam, mit einer schwülstigen Oratorie und unnützen Aristotelischen Sophisterey angefüllet, und die geschicktesten oder vielmehr arglistigsten darunter, wenn sie zumahl Vermögen oder eine mächtige Familie hatten, zum geistlichen Stande überredet. Andere dem Lande nützliche Wissenschaften wurden darüber versäumet, und die Zeit in den Schulen mit lauter unnützen und brodtlosen Künsten verderbet. Durch die ungeheure Menge der Land- und Kloster-Geistlichen, wurde die Vermehrung der polnischen Einwohner verhindert, da hingegen in denen um ganz Polen herum liegenden Dißidentischen Ländern jährlich ein Zuwachs von vielen Tausenden bloß von der Geistlichkeit, welchen weder die Schrift noch die Vernunft die Ehe verbietet, gezeuget wurde. Solcher Zuwachs hat nothwendig in so langer Zeit auf Millionen steigen, in den weiten Polen aber eben so tief herunter fallen müssen. Ist es demnach Wunder, daß das fette Polen, in Vergleichung der benachbarten Lande, schwach und entvölkert ist,

da

da zumal auch das jüdische Geschlechte das Seine
zur Schwäche des Landes beyträget? Es hat Polen mehr Juden als irgend ein Land in der Welt.
Wo diese wohnen, da sind lauter Nullen, wenn es
auf den Krieg oder auf die Vertheidigung des Vaterlandes ankömmt. Sie ziehen in keinen Krieg mit den
Christen. Sie treiben keine Ackerarbeit noch andre nützliche Handthierung, sondern leben vom
blossen Handel, ich will nicht sagen Betruge, zum
Untergange der christlichen Handlung. Zwar geben sie bey den innerlichen Kriegen auch vieles Geld
her, wie sie denn bey den letzteren Conföderationen
das Ihre reichlich beygetragen, und es besonders
an Pulver und Bley nicht fehlen lassen, weil ihnen
dran gelegen, daß die Dißidenten nicht empor
kommen; daher sie treue Spions wider die Russen
abgeben, und sich wenig darum bekümmern, ob
sie recht thun, wenn sie es mit den Feinden des Königes halten, wenn nur ihr scheinbarer Nutzen dadurch befördert wird.

Es handelt also Polen wider alle wahre politische Grundsätze sowol, als wider den ausdrücklichen
Befehl Gottes: Seyd fruchtbar und mehret euch.
Es erziehet auch seine noch übrige Jugend meistentheils nicht in den göttlichen Rechten, als welche
sie nicht lesen können noch dürfen, noch in nützlichen, und zum Wohl des Landes abzielenden Wissenschaften, als welche ihre Lehrer nicht verstehen;
sondern ihr größter Schulwitz bestehet darinnen,
andere Glaubensgenossen zu verfolgen, und sich
damit eine Stufe in dem Himmel zu bauen, näm-
lich

lich nach ihrer falschen Meinung. Diesem äusser-
sten Verderben ist durch nichts anders, als gute
Schulen, abzuhelfen, welche auf das wesentliche
und würkliche Beste der Seelen und des Landes
abzielen. Es mag ein unpartheiischer Leser selbst
urtheilen, ob nicht dieses die Haupturfache von den
vielen Krankheiten des polnischen Reichskörpers
sey, und er wird noch immer mehr verderbet werden, ja endlich gar verfaulen, wo er sich nicht durch
gute Schulen wird curiren lassen. Die Mittel
dazu sind in den reichen Stiftungen überflüßig vorhanden, und dürfen nur angewendet werden, theils
ein paar tausend Bibeln, als die beste Arzeney der
Seelen, wie Chrysostomus sagt, zu kaufen, wie
der gottselige polnische Fürst Radzivil durch Auf-
legung der polnischen Bibel zum Muster vorgegan-
gen, und den armen Bauern, welche man erst
lesen gelernet, in die Hand zu geben, und sie und
ihre Kinder daraus zu unterrichten; theils die nöthigen Gelehrten, Künstler und Werkzeuge ins Land
zu schaffen. Dadurch könnten viel tausend Menschen, Gelehrte und Ungelehrte, Künstler, Buch-
drucker, Buchbinder rc. erhalten werden, welche
ihren Verdienst dem Landmanne und andern Hand-
werkern wiederum zu geniessen gäben, und ihnen das
Getreyde selbst zu ihrem Unterhalte abkauften, welches sie bey wohlfeilen Zeiten ihren Nachbarn nur
halb umsonst verhandeln müssen; ja dadurch würden viele tausend Seelen zur näheren Erkenntniß
des wahren Gottes, zur wahren Ruhe ihrer Seelen,
und zur liebreichen Gesellschaft ihres Nächsten hin-
geführet

geführet werden. Doch diese alte unumstößliche Wahrheit ist einem durch das Gericht der Verstockung verblendeten Clero nur lächerlich, nach 2 Theſſ. 2, 10. 11. 12. 1 Timoth. 4, 1. ſq. Ich wünſchte übrigens nichts mehr, als daß folgender ſinnreicher Traum eines gelehrten D. Schuppii in Erfüllung gehen, und ein mächtiger Schulfreund, als Carolus Magnus, auch in unſerem Reiche aufſtehen möchte. Dieſer gelehrte Kayſer kam im Traume auf dem Felde zu D. Schuppio geritten. „Als wir „etliche Stunden geritten,“ ſchreibt D. Schuppius, „kamen wir gegen Abend an einen Ort, da ein „Dom-Capitul war, welches der Kayſer vorzeiten „geſtiftet hatte; da kamen dem Kayſer die Canonici „entgegen, und empfingen ihn. Der Kayſer ſag- „te: Was macht ihr hier? Ich bin im Regen und „Schnee herum geritten, und habe Leib und Leben „gewagt, und was ich mit meinem Schwerdt er- „worben, davon habe ich Kirchen und Schulen er- „bauet, und habe Leute drein geſetzt und ihnen rei- „chen Unterhalt verſchaffet, zu dem Ende, daß „ſie und ihre Nachkommen die Leute im Catechiſmo „und in dem Fundament des Chriſtenthums recht „unterweiſen ſollen; und ihr wollt mit Müßigge- „hen verfreſſen, was mir im Regen und Schnee, „unter Spieß und Schwerdtern, bey Tag und „Nacht zu erwerben, ſo blutſauer worden iſt? „Warum werdet ihr Scholaſter genannt? und ihr, „der ihr dort ſtehet, Cantor genennet? Da fanget „mir eine gute Trivial-Schule an, und ſehet, daß „meine Almoſen nicht ganz und gar mit Sünden

F

„gefreſ-

„gefreſſen werden. Wiſſet ihr nicht, daß Sanct
„Paulus an ſeine Theſſalonicher geſchrieben: Wer
„nicht arbeitet, der ſoll auch nicht eſſen? Die Al-
„moſen habe ich geſtiftet für Schulmeiſter, welche
„meine ehrliche Sachſen in den Fundamenten des
„Chriſtenthums, und in andern freyen Künſten,
„recht unterweiſen ſollen. Wir kamen an noch mehr
„dergleichen Oerter, da der Kayſer den Kopf ſchüt-
„telte und ſagte: Das geht nicht an, das hat man-
„chen tapfern Helden ſein Blut gekoſtet, bis ich
„Kirchen und Schulen erbauet und reichlich bega-
„bet. Ich muß ſehen, daß ich euch überrede, daß
„ihr dieſe geiſtliche Güter wieder aus dem Miß-
„brauch in den rechten Brauch bringet, ſo daß der
„ganzen Nation damit gedienet ſey. Soll denn
„nun einer mit Müßiggang verfreſſen, was meine
„Helden hiebevor ſo blutſauer erworben haben? Ich
„werde euch rathen, daß ihr eine Anſtalt machet,
„daß ein jeglicher, der bishero meine Allmoſen ge-
„noſſen, etwas wieder heraus gebe, damit erſtlich
„ein Paar anſehnliche Hoſpitäler angeordnet werden,
„daß wenn ein armer Cavalier, im Kriege krumm
„und lahm geſchoſſen worden, den Degen nicht mehr
„führen, noch ſein Devoir im Felde thun kann, er
„dahin ſeine Zuflucht nehmen könne, und nicht als
„ein Bettler, ſondern als ein Cavalier, die übrige
„Zeit ſeines Lebens tractiret werde. Denn das hat
„mir allezeit mißfallen, daß man einen ſtreitbaren
„Mann, der ſein Leben fürs Vaterland und die
„Religion gewaget hat, endlich läßt Mangel und
„Armuth leiden. Großer Herren Kinder müſſen
„auf

„auf eine sonderliche Art wohl erzogen werden, und
„nur solche Dinge thun, welche zu ihrem Zwecke
„dienen; darum werde ich zum andern rathen, daß
„ihr an diesem Ort eine gute Ritterschule anordnet.
„Ich wünsche nur, daß die großen Herren sowol
„in der wahren Gottesfurcht, als auch in allerhand
„guten Künsten, Sprachen und ritterlichen Excer-
„tüs, mögen erzogen werden. Und wenn sie das
„thun wollen; so müssen sie zu Präceptoren solche
„Leute gebrauchen, welche Gott und die Welt ken-
„nen. Aber ich sehe wol, wenn heutiges Tages
„einer ist, der weder zu sieden noch zu braten taugt,
„den macht man zu einem Schulmeister, und soll
„oftmals großer Herren und vornehmer Leute Kinder
„lehren, was er selbst nicht weiß, noch gelernet hat.
„Wenn großer Herren, und auch gemeiner Leute
„Kinder recht auferzogen würden; so hätten wir in-
„nerhalb 20 Jahren eine neue Welt. ꝛc. ꝛc.‟ Gewiß,
fürstliche Gedanken, welche, wenn sie ins Werk
gesetzet würden, manchen tapfern Helden und ehrli-
chen Bürger der Republik aus den Lebendigen er-
wecken würden!

In Portugal, Frankreich, Spanien und denen in Italien damit verbundenen Königreichen, ist
dieser Traum, den D. Schuppius schon vor mehr
als 100 Jahren gehabt hat, ziemlich eingetroffen:
was sollte denn eine so freye Republik als Polen ist,
davon abhalten, ihre eigene Wohlfahrt zu befördern,
da sie unter den Republikanern schon das kluge Venedig zum Muster haben?

Wie

Wie ist aber dem verfallnen Schulwesen bey den Dißidenten zu rathen? Ich verstehe hierunter sowol die griechische als beyderseits evangelische Schulen in Polen. Die griechische Religion, sowol unirte, die sich mit der römischen in soweit vereiniget, daß sie den Pabst für das Oberhaupt erkennet, als nicht unirte, welche sich zu der griechischen Kirche allein bekennet, ihre Bischofthümer und Kirchen in denen an Rußland und die Türken grenzenden Provinzen gehabt, und noch hat, ist zwar längst bekannt; allein sie hat sich bey wenigen Jahren her, da sie ihre Religionsgebräuche durch ganz Preussen, Polen, Pommern, Brandenburg und Schlesien mit sich geführet, noch deutlicher offenbaret: und denen, welche darauf acht gehabt, den merklichen Unterscheid der alten griechischen Kirche von der itzigen sattsam zu erkennen gegeben. Zu geschweigen, daß die alte griechische Kirche soweit von dem abgöttischen Bilderdienste und göttlichen Verehrung der Heiligen entfernt war, daß man die Bilder ganz und gar aus den Kirchen heraus schmiß, und den Bilderdienst öffentlich auf dem allgemeinen Constantinopolitanischen Concilio im Jahr 754. verdammte *); so hielt sie auch mehr auf gründliche Wissen-

---

*) Obschon die Papisten dieses Concilium verwerfen, da doch die decreta desselben von 338 Bischöfen unterschrieben worden; so billigten doch 300 Bischöfe auf dem zu Frankfurt 794 vom Kapser Carolo M. angesagten Concilio die decreta wegen der Bilder, und verwarfen das Nicäische Concilium, welches die tyrannische Kapserin Irene, zur Wiedereinführung des Bilderdienstes 787, ausgeschrieben hatte.

Wissenschaften und Lesung der heil. Schrift, welche sie bey der Reinigkeit der Lehre erhalten konnte.
Zu den itzigen Zeiten aber ist sie besonders in Polen,
und was die Unirten betrift, diesem Bilderdienst
gar sehr ergeben, und führen diejenigen, welche
nach ihrer Art religiös seyn wollen, ihre Bilder
und Schutz-Patronen allenthalben mit, von welchen ich selbst einige meßingne Bildnisse in Händen
gehabt, welche die gemeine Soldaten im Felde an einen Eichbaum gehenket, und dabey ihren Gottesdienst verrichtet.   Ich hatte Gelegenheit, bey letzterem deutschen Kriege einige griechische Feldpredi-
ger zu sprechen, welche aber, ausser ihrer Muttersprache, nichts als ein wenig Polnisch verstunden. Ich
zeigte dem einen eine lateinische Bibel; allein davon
wußte er nichts, welches mich endlich noch nicht be-
fremdete. Ich wieß ihm die hebräische Bibel, davon hatte er weder was gehöret, noch gesehen. Ich
gab ihm das griechische neue Testament; allein auch
davon konnte er kein Wort lesen, und keine rußische
Bibel hatte er auch nicht auf seinem Wagen, sondern
gab vor, es wäre eine Bibel bey dem Regimente.
Wie schlecht muß es also um die niedern und hohen
griechischen Schulen, in Polen besonders, aussehen, da dieser Geistliche, ein Mann von 50 Jahren,
noch keinen Grundtext von der ganzen heil. Schrift
gesehen, und auch wol wenig davon in seiner Muttersprache mag gelesen haben! Wie wenig muß der
gemeine Mann von dem allein seligmachenden
Worte Gottes hören, vielweniger lesen! Die Unwissenheit und das rohe Wesen hat man noch letzt

F 3

aus, dem Aufruhre dieser griechischen Bauren an den türkischen und rußischen Grenzen ersehen, welche ihre Mitchristen wie das Vieh umgebracht, und sich auch selbst hernach von ihren Richtern, wie das unvernünftige Vieh ohne Empfindung, hinrichten lassen; und dem ohngeachtet, ihre von langen Zeiten her angewohnte Räubereyen und Mordthaten fortsetzen. Man kann diese Wildheit nichts anders, als ihrer großen geistlichen Blindheit, zuschreiben. Es würden demnach auch hier gute Schulen, in welchen die heilige Schrift besonders zum Grunde geleget würde, diesem rohen Wesen Einhalt thun können, zu deren Aufrichtung und Erhaltung sich Amts- und Gewissens halber, vor andern, die Bischöfe von Kaminiec und Cracau verbunden fänden, unter deren Sprengel viele solche Griechen leben. Diese geistliche Vorsorge für die Seelen der Menschen, deren Hirten sie sich nennen, würde sie mehr zieren, als daß sie sich so peinlich des Staatsruders annehmen, das Volk wider ihren Regenten aufhetzen, und dem Feinde des christlichen Namens eher das Land, als den Dißidenten die verlangte ihnen gehörige Gewissensfreyheit, einräumen. Denn das müssen auch die Feinde des Christenthums gestehen, daß, wo die Reinigkeit der christlichen Religion blühet, da wird man wenig oder gar nichts von Rebellionen oder Königsmordereyen hören, wenn auch evangelische Christen von Regenten anderer Religion beherrschet, und auch oft gedrücket werden. Denn die wahre christliche Religion, und die Studia emolliunt mores, machen die Menschen weich-

her-

herzig und gelinde, besonders, wenn ihnen von Ju=
gend auf aus dem göttlichen Worte das vollkom=
mene Tugendbild, Jesus Christus nach seiner Sanft=
muth und Demuth, recht ins Herz gepräget würde.
Welche durch diese Klasse der christlichen Schule
nicht gegangen, die werden noch immer ihr hartes,
ungebrochenes, rohes, ja grausames Herz, bey er=
eigneter Gelegenheit gegen ihren Nächsten, auch
wenn er ein Christ ist, zu erkennen geben. Die
Verbesserung dieser griechischen Schulen in Polen ist
so schwer nicht, als der übrigen Dißidenten; weil
sie sich von dem großmüthigen und mildthätigen Her=
zen der itzigen berühmten griechischen Kayserin Ca=
tharina, alles erwünschten Beystandes getrösten
können, da eine durchlauchtige Republick den maje=
stätischen Grundsatz bestätiget, dem Gewissen eines
Christen, und den nützlichen Wissenschaften im
Lande freyen Lauf zu lassen.

Mit der Verbesserung der übrigen Dißidenti=
schen Schulen wird es schon etwas schwerer halten.
Hier wird es nicht genug seyn, daß man die Frey=
heit dazu habe; sondern die erste Frage wird als=
denn diese seyn: Wo sollen die Mittel dazu herkom=
men? Doch dazu wird Gott auch Rath schaffen,
wenn nur vorerst die Inländer selbst soviel hierzu
beytragen, als eines jeden Vermögen zuläßet. Denn
einem Orte, da solche Schule in Form eines Gym=
nasii Academici, als z. E. in Thorn, angeleget
wird, fällt es allerdings zu schwer, Professores und
Praeceptores, die alle benöthigte Wissenschaften
gründlich verstehen, zu unterhalten. Es müßten

Bey=

Beyträge geschehen von der ganzen evangelischen
Noblesse und dem bürgerlichen Stande in Polen überhaupt; so wie man hierzu schon im Jahre 1684 in
Bojanowa einen guten Anfang gemacht hat. Dieses rühmliche Werk aber ist durch mancherley Fata-
litäten ins Stecken gerathen. Und wenn man die
itzigen Verfolgungen betrachtet; so wird man leicht
auf die vorigen Zeiten schliessen können. Da man
merket, daß die Dißidenten am Ende ihren Endzweck doch erlangen möchten, so braucht man alle
nur mögliche Kunstgriffe, solches zu hintertreiben.
Man plündert die Dißidentische Noblesse und Geistlichkeit, Städte und Dörfer, nach und nach so rein
aus, verjagt sie von ihren Gütern und Kirchen,
und ruinirt dadurch ihre ganze Wirthschaften, daß
sie sich in langen Jahren nicht werden erhohlen können, dadurch will man sie ausser Stand setzen, wenn
sie zur Activität gelangen, einem Amte mit Nach-
druck vorzustehen, dadurch will man sie in die Nothwendigkeit versetzen, dem reichen Clero unter die
Flügel zu kriechen und nach seiner Pfeife zu tanzen; so wie es schon viele von den römischen thun
müssen, die, wenn sie auch durch den Krieg zu
Schaden kommen, von den Klöstern wiederum eine
Beysteuer erhalten. Allein, wodurch soll sich der
Dißident wieder aufhelfen, den man bisher alle
Quellen zu seiner Erhohlung verstopfet hat? Jedoch,
Gott hat Wege allerwegen, an Mitteln fehlts ihm
nicht 2c.

Daß die Dißidenten in Polen den Verfall der
Schulen schon längst gar wol eingesehen, und auf
Mittel

Mitteln bedacht gewesen, denselben aufzuhelfen, beweisen nicht nur die Thornschen und Posenschen Anno 1582 2c., sondern auch die zu Wladislau 1583 gehaltenen General-Synoden. Man setzte in denselben veste, daß der Adel für jeden Bauer einen polnischen Gulden Vorschuß thun sollte, welches sie auch einmüthig versprachen. Man muß aber hierbey erinnern, daß damals ausser dem Adel viele Senateurs Dißidenten waren, und also viele tausend Bauern unter sich hatten. Der Bürgerstand sollte das Seinige auch dazu beytragen, weil sie der Schulen sowol, als der Adelstand, benöthiget waren, wie sie sich denn auch nicht davon ausschlossen, noch ausschliessen konnten. Da aber diesen löblichen Anstalten sich allerhand unvermuthete Hindernisse, der Geist der Uneinigkeit, die römische Geistlichkeit, vie vom evangelischen Körper abgewichene irdische Häupter selbst, und andre Griffe des Satans in den Weg legten; so kam es nach und nach ins Stecken, und die beständigen Kriege und Unruhen liessen weiter niemand daran gedenken. Die Dißidenten, welche noch vest bey der evangelischen Religion hielten, mußten Gott danken, wenn sie nur noch einen Schatten der Religions-Freyheit behielten, und hier und dort geringe Schulen, so gut als es ihre Armuth zuließ, haben konnten, wie solches in den letztern Religions-Beschwerden der Dißidenten genugsam am Tage lieget. Hat man aber die Freyheit durch die überschwengliche Gnade Gottes erhalten, daß die Dißidenten in Polen zu Unterrichtung ihrer Jugend überhaupt, des adelichen und unadelichen

geist-

geiſtlichen und weltlichen Bürger-und Bauernſtan-
des, wieder Schulen aufrichten dürfen; ſo muß freylich die erſte Sorge ſeyn, die Koſten dazu herzuſchaf-
fen. Eine nach Vorſchrift einer zu haltenden General-Synode gemachte Auflage auf die faſt ausge-
ſaugte Disidenten, wird nicht hinlänglich ſeyn;
ſondern man wird auswärtige Mächte dazu erſuchen
müſſen, daß ſie ihr Brodt über das Waſſer fahren
laſſen. Es iſt auch an deren Willfährigkeit nicht zu
zweifeln, weil eine ſolche Beyhülffe, die zur Vermehrung des Reiches Gottes abzielet, ja ſchon von
vielen Jahren her, denen wildeſten Malabaren, von
vielen proteſtautiſchen Mächten und Ländern gereichet worden iſt.

Da es nun einem jeden Bürger der Republick
frey ſtehet, hierbey ſeine Gedanken in Anſehung
der hierzu gehörigen Anſtalten zu eröffnen; ſo habe
ich nach meiner Einſicht, ohne jemandes Vorſchlä-
gen einen Eingriff zu thun, nach der Beſchaffenheit
des Landes, folgendes zum Beſten der Schulen vor-
zuſchlagen für dienlich erachtet:

1. Daß man darauf ſehe, wie man ſolche Lehrer, Profeſſores, Rectores und Collegen in die Schulen bekommen möge, welche rein und lauter in der
göttlichen Lehre befunden worden, damit ſie der zar-
ten Jugend nicht irrige Grundſätze, ſondern die lau-
tere Milch des Evangelii, einſaugen lieſſen; welche
unſträflich ſind in ihrem Lebenswandel, und der alles auffangenden Jugend kein böſes Exempel geben;
welche keine Weichlinge ſind, ſondern die zu ſolchen
mühſamen Amte gehörige Arbeitſamkeit, Geduld
und

und Weisheit besitzen; und endlich solche, die da
nebst andern gelehrten Sprachen und Wissenschaften,
auch die polnische, als die Muttersprache oder Lan-
desssprache der Polen, verstehen. Es müßten daher,
wie in andern protestantischen Landen, solche Candidaten, die ein Schulamt bekommen, sowol examiniret werden, als die zum Predigamte berufen werden, und ehe sie das erstemal predigen, ihren Ten-
tationschein aufweisen, damit sich nicht, wie zur Zeit
der Reformation, allerhand Neulinge unter dem Namen der Dißidenten einschleichen. Es haben hierauf die alten Synoden; besonders die in Fraustadt,
Bojanowa 1645, 1647, 1675, und in Lissa die folgenden Jahre, ausdrücklich darauf gedrungen, und
sowol die Ritterschaft als Geistlichkeit einen vesten
Schluß gefasset; allein, man ist leyder davon ganz
und gar abgegangen. Was dieses, besonders wegen der polnischen Sprache, für heilsame Früchte
bringen würde, ist im Vorhergehenden schon überflüßig erinnert worden. Die Folgen der Zeiten, nur
in 20 Jahren, werden es beweisen, wie viel es den
Dißidenten, Hohen und Niedern, in ihren geist- und
weltlichen Geschäften genüzet, und welcher Segen
durch dieses Mittel, dessen sich der Geist Gottes in
Bekehrung der Heyden am allererstten bedienet, auf
die finstern und unwissenden Seelen geflossen, wenn
sie die großen Thaten Gottes auch in ihrer Muttersprache hören werden. Denn das ist eben eine Ne-
benursache mit, weswegen viele von Hohen und Niedern von der schon erkannten evangelischen Wahrheit abgesprungen, weil die polnischen Prediger an

den

den meisten Orten in Polen aufgehöret. Ob man
ihnen schon die Hauptkirchen in Posen, Cracau rc.
wo Polnisch geprediget worden, weggenommen; so
hätte man doch in andern Kirchen, die noch übrig
geblieben, die polnische Predigten und Gesänge nicht
abkommen lassen sollen. Allein, dieses muß ihnen
noch zur Entschuldigung dienen, da man die Dißidenten ganz an die deutsche Grenzen von Schlesien
und Brandenburg verdrängete; so hatten die wenigsten Eltern Gelegenheit, ihre Kinder das Polnische
lernen zu lassen, und wurden dergleichen Candidaten immer weniger, welche das Polnische verstunden.
Diejenigen, welche solcher Sprache mächtig waren,
wurden bey Vacanzen des Predigtamtes immer vorgezogen, ob sie gleich nicht Polnisch predigen durften,
und sahen es gern, wenn sie des armseligen Schul-
standes überhoben wurden. Es wird zwar schwer
halten, wiederum zu solchen Schullehrern zu gelangen, welche die benannten, besonders die letzte Eigen-
schaft der polnischen Sprache besitzen; allein, es
wird doch nicht unmöglich seyn. Man muß, wo
nicht bald auswärtiger Zuschuß erfolget, in jedem
Creyse, sowol von Städten als Dörfern der Dißidenten, eine kleine jährliche Auflage machen, wie
man auch schon bisher thun müssen, um die benöthigten Kosten zu den schweren bischöflichen Visita-
tionen und andern Plackereyen zu bestreiten, welches jedesmal mancher kleinen Kirche über 1000
Gulden, und mancher so viel Thaler gekostet. Wenn
nun die jährlichen Beyträge von jeder Kirche richtig
gehoben würden, und sich vielleicht auch Wohlthä-
ter

ter fänden, die aus eigner Willkühr etwas dazu
legirten, wie denn die gottseligen Alten solche Legata nicht wenig machten, so würde daraus nach
und nach ein Capital erwachsen, von dessen Interessen ein Stipendium für Studirende auf immer ent-
spriessen könnte.

Ein jeder Student, welcher auf Universitäten
gehen wollte, müßte sich auf dem öffentlichen Creys-
Convente, daraus er gebürtig, oder auch auf dem
General-Convente examiniren lassen, ob er, nebst
andern Schul-Studiis, auch die polnische Sprache
verstünde: und wenn er hierinnen wohl bestanden,
alsdenn erst, und eher nicht, mit einem jährlichen
Stipendio, wenigstens 3 Jahr hinter einander, in
seinen academischen Studien unterstützet werden.
Denn es sind noch in jedem Creyse Prediger die Polnisch verstehen, welches wir bisher meist dem Thornischen Gymnasio zu danken haben. Wenn sich auch
dieses Stipendium vorerst nur jährlich auf 10 Duca-
ten beliefe, so würden sich doch gewiß, wo nicht
alle, doch die meisten, der polnischen Sprache bey
ihren Schul-Studiis befleißigen, um solches Stipendium zu erlangen. Dabey müßten solche Stipen-
diaten, wie in andern Ländern gewöhnlich, versprechen, sich auf Verlangen dem Dienste des Vaterlandes zu widmen. Weder der Adel noch der Bürgerstand würde sich von diesem Beytrage ausschließ-
sen, weil dadurch beyden mit polnischen Präceptoren für ihre Kinder gedienet würde, die sie zugleich
im Christenthume unterrichteten. Wollten sich die
Juristen und Mediciner dieses Stipendium auch zu

Nutze

Nuße machen; so müßten sie versprechen, daß sie sich
ebenfalls auf Verlangen gewiffe Jahre zum Schul-
dienfte, in Ansehung der polnischen Sprache, widmen wollten; denn einen Schullehrer abzugeben,
kann weder einem Doctor Medicinä, noch einem Ju-
riften, zur Schande gereichen, wiewol manche, aus
einer übel angebrachten Ambition, in solchem falschen Vorurtheile stehen. Das

2te Mittel, gute Schullehrer in Polen zu bekommen, ist, daß man sie aus ihrer bisherigen Verachtung heraus ziehe, und sie mit den Predigern in
gleiche Rangordnung setze. Es ist das nichts Un-
billiges, es ist auch in Polen nichts Neues und Un-
erhörtes, wie beydes im Vorhergehenden schon erinnert worden. Dieses Alter allein, nachdem ein
Gelehrter Gott in der Kirche oder in der Schule,
es sey öffentlich oder als Privat-Präceptor, bey einem unsträflichen Wandel in treuer Verwaltung
seines Amtes gedienet, muß ihn den Vorzug geben,
nicht aber ein etwas größerer Grad der Gelehrsamkeit, welcher oft nur in der Einbildung bestehet.
Diejenigen Aeltesten soll man ehren, die wohl vorstehen, die da arbeiten im Wort und in der Lehre
bey Alten und Jungen, die soll man zwiefacher Ehren werth halten. Von denen aber, welche mit vielem philosophischen Winde, mit gekünstelten und
hochtrabenden Worten auf der Canzel aufgezogen
kommen, die zwar die Ohren kützeln, das Herz
aber unbewegt lassen, und der größte Theil nicht
verstehet, lieset man nirgends, daß sie zwiefacher
Ehren werth seyn sollten, und denen vorgezogen
wer-

werden, welche das Wort Gottes deutlich, gründlich, rein und lauter lehren, einen guten Wandel
führen, und ihren Zuhörern zur zeitlichen und ewigen Glückseligkeit den Weg bahnen. So würden
aber die scharfsinnigen, mit einer gründlichen und
weitläuftigen Gelehrsamkeit begabten Köpfe, denen mit einem geringen Talenten begabten, gleich
gehalten werden. Dieser Einwurf wird sich selbst
heben. Da keiner auf den Lehrstuhl, auch nur zur
Sublevation weder in die Kirche noch Schule gelassen
werden muß, ehe er sich tentiren lassen; so müßten
die Unwissenden abgewiesen, die aber wohl oder
vorzüglich bestanden haben, in dem Testimonio auch
besonders bemerket, und zur nechsten Promotion em-
pfohlen werden. Fühlet sich ein Candidat mit seinen Wissenschaften; so thut er allemal besser, wenn
er sich von dem Consistorio examiniren, und sich daselbst das Testimonium Tentationis geben läßt; so
wird er allemal vor den schwächern, in Ansehung der
Beförderung, den Vorzug haben. Daß aber nicht
zuweilen einige Unordnung hierin vorgehen sollte,
ist in dieser unvollkommenen Welt nicht anders möglich. Es dient auch diese Unordnung zum Besten
eines Gelehrten, daß er sich nemlich auf seine Gabe
nicht zu viel einbilde, oder glaube, daß die irdische
Belohnung so genau nach seinem Verdienst und
Wissenschaften müßte abgewogen werden; der Gna-
denlohn für seine bewiesene Treue wird ihm in jener Welt noch immer zu statten kommen. Indeß
muß doch dieser Unordnung durch vorerwehntes und
andere gute Mittel so viel möglich vorgebeuget werden.

den. Man muß hier nur betrachten, was Paulus sagt 1 Cor. 12: Die Glieder des Leibes, die uns dünken die schwächsten zu seyn, sind die nöthigsten. Werden nur die jungen Stämmchen in der Baumschule nicht gut gewartet und gezogen, es werden wol krumme und höckrichte Bäume in allen Ständen bleiben. Daher ist es unrecht, daß man diese so nützliche geistliche Gärtner, wie bisher geschehen, so gering achtet. Ich habe von mehr als einem Prediger selbst gehöret, daß er von dem Rector und Cantor seines Ortes, die beyde Litterati waren, sagte; Daß sind beyde meine Diener, was ich ihnen befehle, müssen sie thun, es mag in ihrer Vocation stehen oder nicht, anderer niederträchtigen Reden, welche Magistrats-Personen von ihren Schullehrern führen, nicht zu gedenken. Fällt diese Geringschätzigkeit nicht hinweg, so wird man nimmermehr gute Schullehrer bekommen: denn es ist einem rechtschaffenen Gelehrten leichter, Dürftigkeit und Mangel, als die Kränkung seiner ihm gebührenden Ehre, zu ertragen.

3. Muß das Salarium für einen Litteratum in der Schule, sowol des Gymnasii als anderer Stadtschulen, nebst dem Schulgelde, etwas höher gesetzet werden, damit sich niemand der Dürftigkeit wegen, solches ehrwürdiges und nützliches Amt anzunehmen, scheuen dürfe. Dreißig oder vierzig Thaler Salarium, wie sehr viele nur als ein fixum haben, ist nach itziger Lebensart nicht nur zu wenig, sondern auch zu schimpflich für einen Gelehrten. Wenn er auch noch eins oder zweymal so viel Accidentien hätte, so kann

er

er doch kaum als ein freylediger Mensch, vielweniger mit einer Familie davon leben, noch auch sich einen voritzt unentbehrlichen Vorrath an nöthigen Büchern anschaffen. Giebt doch wol mancher Landedelmann zu diesen Zeiten seinem Koche, nebst Kleidung und Ti= sche, funfzig und mehr Thaler jährlichen Gehalts; sollte man seinem Munde nicht eher etwas an über= flüßigen Delicateßen, als seinen Kindern an der nö= thigen Erziehung abbrechen?

Wären keine Mittel vorhanden, das Salarium der Schullehrer beträchtlich zu erhöhen, so müßte man ih= nen durch andere Mittel das saure Schulamt erträg= licher und annehmlicher machen. Die Gleichhaltung an Ehren und Würden mit dem Predigtamte wäre schon eins. Das andere wäre, daß man ihnen bey er= sterer Vacanz dasigen Ortes die schriftliche Versiche= rung zur Beförderung gäbe, als welches bisher sehr vergeßen worden, und nur selten geschehen, da manche wol gemeinet, sie würden das Predigtamt verunehren, wenn sie den Schullehrer ihres Ortes, der ihre Kin= der unterrichtet, zum Prediger wehlten, viel eher wird er von fremden Gemeinen berufen, welches zugleich beweiset, daß es ihm auch an den gehörigen Prediger= Gaben nicht gefehlet hat.

Ferner müßte für die Wittwen stubirter Schul= lehrer eben so gesorget werden, als für die Prediger= wittwen, welche letztere doch in den meisten Städten etwas aus der gemeinen Caße bekommen, welches leyder auf den Dörfern sehr selten geschiehet. Für Schulwittwen müßte eben so viel, als für Prediger= wittwen, ausgesetzet werden, weil es der ersteren ihre

G   Männer

Männer um die Kirche und das gemeine Wesen eben
sowol, als die letzteren, verdienen, und gemeiniglich
noch eher bedürftig sind.

Ihren Kindern könnte man, ohne jemanden über=
lästig zu werden, auch einen Zufluß, ich will nicht
sagen, ein Vorrecht gönnen, welches darinnen beste=
het: Wenn Gelehrte, Prediger, oder Schullehrer,
Kinder haben, welche nicht alle studiren, noch studi=
ren können; so sollte man sie in Ansehung der Bürger
und Handwerker nicht als Fremdlinge, sondern als
Einheimische und Zunftmäßige im Lande ansehen.
Voritzt hat man in Polen den widrigen Gebrauch,
wenn eines Predigers oder Schullehrers Sohn ein
Handwerk lernet, so muß er als ein Fremder alles
mit schweren Kosten, z. E. loßsprechen, Aufnehmen,
Meisterrecht, und was andere Handwerks=Gebräuche
mehr sind, bezahlen. Mit den Töchtern, die sich gleich
den Söhnen in die Zünfte, in welche sie sich verhey=
rathen, einkaufen müssen, macht man es eben so.
Dergleichen Kosten betragen sich auch in den kleinsten
polnischen, zumal königlichen Städten, vom Jungen
bis zum Meister und Bürgerrechte auf 100 Rthlr.,
da sie bey Meisters=Söhnen oder Töchtern wenig oder
gar nichts ausmachen. Es ist dieses eine zweifache
schändliche und für Polen schädliche Gewohnheit. Erst=
lich ist es unrecht, daß man nicht gleiches Gute mit
gleichem vergelte, und so wenig Achtung für das Schul=
und Predigamt habe. Die Gelehrten nehmen ja al=
lerhand Profeßionen auf, ohne Unterscheid zwischen
Adlichen und Unadlichen, Geistlichen oder Weltlichen zu
machen; es wird keiner vor dem andern, wenn er studiret
und

und Collegia höret, mit höhern Abgaben beleget; warum
sollen denn die Gelehrten nicht ein Gleiches von den
Zünften zu geniessen haben? Ohne den Schulstand,
würden ja weder Handwerksmeister noch andere Be-
amten ihren Namen, vielweniger einen Brief schreiben können. Sodann handelt man wider die Wohlfahrt des ganzen Landes, wenn man durch solche un-
nöthige Kosten, die doch alsdann meistentheils ver-
soffen werden, den Anfängern ihr Gewerbe so schwer
machet, und ihnen das Geld aus den Händen windet,
wodurch sie sich in ihrer Nahrung einen Nutzen schaffen
könnten. Und da in andern Landen die Fremdlinge
gewisse Freyheiten geniessen; so versperret man hier den
Fremdlingen, als wofür man Prediger- und Schul-
lehrer-Söhne auch ansiehet, durch doppelte Auflagen
den Weg, und will doch Handwerker und Manufac-
turen vermehren. Doch diese Anmerkung mögen Hö-
here beleuchten, ich will nur zu meinem Zwecke dieses
sagen: daß es recht und billig sey, die Kinder der
Priester und Leviten von diesen Abgaben zu befreyen,
und den Schullehrern auch hiedurch eine Anreizung
zu geben, mit Vergnügen in ihrem Amte zu arbeiten.

Dieses sind nur ganz kürzlich, in einem verlohr-
nen Abrisse, die beygefallne Vorschläge zu der äusserli-
chen Aufrichtung guter Schulen in Polen, besonders
der Dißidenten. Um das innere Wesen, um die Einrichtung der Lectionen, wird man sich nicht sehr bekümmern dürfen. Da hat man schon gute Vorschriften
in Deutschland, in denen preußischen, sächsischen,
schlesischen ꝛc. Gymnasiis. Denn wenn der berühmte
und seit vielen Jahren um der Akademischen und

Schul-

Schul-Catheder wohlverdiente Professor Ernesti in Leipzig, jüngst, in Gegenwart seiner hohen Landesherrschaft, über den Verfall des Schulwesens in Sachsen klagte; so warf er nicht die Schuld auf die Einrichtung der Schulen, sondern mit Recht auf die Verachtung und schlechte Besoldung der Schulmänner, als welche zu itzigen Zeiten aufs höchste gestiegen. Ich halte es demnach ebenfalls dafür, wenn man die gehörige Belohnung der Schullehrer voraussetzet; so habe man weiter keine andere Regeln vonnöthen, als die Muster vorbemeldeter benachbarten Gymnasien, welche man allenfalls zusammen halten, und daraus das Beste erwählen kann. Nur zu den öffentlichen Stunden müssen gewisse zu Erlernung der polnischen Sprache gerechnet werden, als welches ich für eine unumgängliche Nothwendigkeit eines polnischen Gymnasii halte. Ein Inspector, Senior oder Pastor dasigen Ortes, müßte selbst wöchentlich wenigstens zwey Stunden öffentlich Lectiones Theologicas in polnischer Sprache geben, welches die Inspectores zu Breßlau und Thorn, in dasigen Gymanasiis auch allemal in polnischer und lateinischer Sprache gethan, und zugleich auch viele Seniores letzterer Stadt Rectores des Gymnasii vorgestellet. Bey Vocirung der Professoren und Schul-Collegen müßte man gleich bey der ersten Einrichtung darauf sehen, daß man solche Subjecta bekäme, welche theils, (denn von allen ist es wol itzt nicht zu verlangen,) Geometrie, Astronomie, Arithmetic ꝛc. und andere mathematische Wissenschaften verstünden. Die alten Griechen fingen alle ihre Studia mit der Mathesi an, und der große

Plato

Plato hatte über seine Stubenthüre geschrieben: daß
keiner in seine philosophischen Lehrstunden kommen
sollte, der nicht vorhero Geometrie gelernet hätte, weil
das die Seele aller Wissenschaften sey. Also sollten
wol auch billig noch alle Litterati Mathesin studiren,
nicht eben, weil es diese Heyden gethan, sondern weil
es aus der Erfahrung bekannt ist, daß sie ein herrli=
ches Mittel sey, den Verstand zu schärfen, und alle
irdische Wissenschaften dadurch auf einen gewissen Fuß
zu setzen. Deswegen darf man sich mit diesem Metho=
do mathematica eben nicht in der Theologie oder auf
dem Predigtstuhl verirren. Diese Wissenschaften
müßten wöchentlich etliche Stunden publice und pri=
vatim tractiret werden, wodurch auch zugleich die
junge Noblesse Gelegenheit bekäme, ihre Zeit mit die=
sen mathematischen Wissenschaften angenehmer und
nützlicher zu vertreiben, als auf denen halsbrechenden
Reitschulen, Fecht= und Tanzböden, auf welche Kün=
ste mancher 6 bis 8 Jahre verschwendet, die doch in
6=8 Monathen, so viel zur guten Stellung des Lei=
bes und zur Kriegesübung nöthig ist, könnten erler=
net werden. Durch diese Einrichtung könnte mancher
Künstler und Handwerker viele Nebenschulen und
Privatunterweisung entbehren. Wer Geometrie und
Rechenkunst verstehet, der hat einen Grund gelegt zu
Erlernung aller solcher Künste und Gewerbe, welche
einem Lande nützlich und nöthig sind. Er weiß mit
Zeichnen, Reissen, gleichem Maaß und Gewichte, mit
Ausrechnung der Weiten, Höhen und Tiefen, am
Himmel, Wasser und Erde, mit Eintheilung und
Verhältniß des Großen gegen das Kleine umzugehen.

G 3   Er

Er weiß, wie aus der rechten Uebereinstimmung und
Eintheilung des Mannigfaltigen, die Vollkommenheit im Ganzen herauszubringen sey. Und darin be-
steht das Meisterliche aller Künstler und Handwerker. Kaufleute kommen hier am allerleichtesten fort,
so hoch sie auch das Vorurtheil der neuen Welt über
die nöthigen und unentbehrlichen Künstler und Handwerker erheben; so weit fallen sie doch herunter, wenn
man ihre Wissenschaften und den wesentlichen Nutzen
des Landes mit jenen gegen über auf eine Wagschale
legen sollte: denn diese brauchen nur die einzige Rechenkunst, und die darf sich auch nicht sehr hoch ver-
steigen; weil ausser den großen Handelsstädten, keiner zur See reiset, noch die Landkarten nach bisheri-
ger Beschaffenheit der Schulen verstehet. Man siehet das an den Juden, als an den meisten und reichsten Kaufleuten in Polen, die alles in der Hand, oder
mit einer Nulle und ein paar Strichen ausrechnen,
und sich damit so viel verdienen, daß, ob sie schon
Millionen Weise in Polen herum schwärmen, doch
keinen Acker bauen, keine Tagarbeit verrichten, und
keine schwere Handwerks-Arbeit zu treiben nöthig haben. Jedoch, wir lassen dieses durch eigne Schuld un-
glücklich gewordene Geschlecht, da wir zu unver-
mögend sind, für dasselbe ein anderes Schicksal zu
bestimmen. Hier ist die Rede von denen rechtmäßigen
Mitteln, welche ein christlicher Einwohner eines Reichs
ergreifen soll, sich und die Seinen ehrlich zu erhalten,
und auch das gehörige zum gemeinen Besten, zu Erhaltung und Beschützung der Kirche und des Staats
beyzutragen. Hierzu bekommt er in guten Schulen
die

die Anweisung, den wahren Gott zu verehren, seinem
Nächsten zu dienen, und sich selbst nach Erlernung
nützlicher Wissenschaften, zu einem glücklichen Bürger des Staats zu machen.

Wer die Landesgeschichte von Polen auch nur
mit einem Auge betrachtet, und die Jahrhunderte
der christlichen Monarchen desselben durchgehet, der
wird finden, wie dieselben gleich Anfangs den Mangel guter Schulen eingesehen. Sie stifteten deswegen, nach dem preißwürdigen Exempel Kayser Carl
des Großen, (der das Kloster Fulda zur ersten Schule in Deutschland fundirte, dessen Einkünfte aber zum
fürstlichen Staate genißbraucht werden,) Klöster
und Abteyen, daß die Jugend in denselben sollte in
allen nöthigen Wissenschaften unterrichtet werden.
Da aber die reichen Stiftungen der bloßen Willkühr und Aufsicht des geistlichen Standes überlassen
wurden, als welche gemeiniglich in das innere Hauswesen des Staats wenig Einsicht haben, und die sich
nur auf die Erhaltung ihrer Communität erstrecket;
so floß auf das allgemeine Wohl des Landes daraus
mehr Schaden als Nutzen. Man schüttelte sich die
Unterrichtung der Jugend vom Halse; denn das ist
eine allzumühsame Arbeit, als daß sie sich für das
müßige Klosterleben schicken sollte.

Die Noblesse sahe mit der Zeit dieses Elend wol
ein, und nahm deswegen die Patres S. J. in die Städte,
mit offenen Armen an, weil sie sich vor ausneh-
mende Meister zu Unterrichtung der Jugend anga-
ben. Da aber diese gelehrten Väter fett wurden,
so war die Jugend ihr geringster Kummer. Des

armen

armen Landvolks, des größten und nothwendigsten
Theils dieser Republik, wurde ganz und gar vergessen, und niemals dran gedacht, daß auch diese Seelen hätten, welche von Gott, ihrem Schöpfer und Heylande, sollten unterrichtet werden. Sie hatten wohl hin und wieder Kirchen, Pröbste und Parochios, aber keine Schullehrer. Die Gemächlichkeit des Cleri erhielt immer den obrigkeitlichen Stand in dem falschen Vorurtheile: es sey gut, wenn der Bauer dumm und blind sey, denn da ließ er sich am allerleichtesten das Joch auflegen. Und überhaupt mögen die Herren Jesuiten nicht gern mit der Information des Armuths zu thun haben, ob es gleich heißt, daß sie umsonst informiren; denn sie nehmen lieber von den Eltern ein Dorf zum Vermächtnisse, als daß sie von den Kindern einen Thaler Schulgeld nehmen sollten. Sie spielten vielmehr, nach ihrer Herrschsucht, im politischen Wesen den Meister. Die gute Absichten der Prinzen sowol, als der Magnaten, hatten also nicht die erwünschten Folgen.

Die dißidentischen Magnaten, die sämmtliche Adelschaft und Geistlichkeit, gab sich von den Zeiten Sigismundi Augusti an, alle nur ersinnliche Mühe, diesem Uebel, wenigstens bey ihren Unterthanen und Glaubensgenossen, abzuhelfen; aber auch sie konnten, wegen schon erwehnter unzählichen Hindernisse von außen und innen, nicht zu dem gewünschten Zwecke gelangen. Ich will nur einige mir bekannte und aus einem bewährten Manuscripte gezogene Synoden erwehnen, welche auf die Verbesserung der Schulen und des Kirchenwesens gedrungen, um den Vorwürfen

fen derjenigen zu begegnen, welche dem evangelischen
geistlichen Stande gern allein den Verfall derselben
aufbürden wollen.

Es wäre überflüßig, wenn ich die vielen General = Synoden der Dißidenten wiederholen wollte,
welche sie in Polen und Lithauen am Ende des 16ten
Seculi gehalten, und welche man in den gedruckten
Kirchengeschichten angemerket findet, davon die zu
Gostin 1565. gehaltene, die erste in Polen seyn soll,
wie der Herr General = Senior Thomas anmerket.
Die folgenden zu Posen, Wladislau und Thorn gehaltene sind darunter die merkwürdigsten, und
welche meinem Vorhaben am nächsten kommen. Es
waren auf denselben unterschiedene Senateurs zugegen, und die Woywoden von Sendomir, Graf
Gorka von Posen, und Lesczinki von Brest nebst
andern Magnaten führten das Präsidium. In diesen Synoden wurden die Articul der vorigen wiederholet und bestätiget, worunter auch dieser war, daß
die Schulen in bessern Stand gesetzet würden. Man
berief sich besonders in dem einen Canone auf die
vorige Synode, da man für die Erziehung der Kinder in der reinen Lehre gesorget, und bey großer
Strafe verbothen, dieselben nicht auf Arianische Schulen oder Universitäten zu schicken. Man beschloß,
daß keine auswärtige Candidaten ohne ein mitge-
brachtes Zeugniß aus dem Orte ihrer Herkunft wegen
reiner Lehre und guten Wandels, von einem Dißidentischen Consistorio oder Inspectore sollten angenommen oder auf die öffentliche Lehrstühle gelassen
werden. Man setzte in folgenden vest, daß mitten

G 5

im Lande eine hohe Schule, und in den Districten
sowohl große als kleine Schulen bestellet werden sollten. Jeder Patron sollte von der Bauerhufe einen
Gulden, die Hofleute aber 2 Gulden jährlich dazu
hergeben, welches zu damahliger Zeit schon ein Be-
trächtliches austragen mußte, da viele Woywoden,
die zugleich eigne fürstliche Güter besaßen, imglei-
chen Castellans, Starosten und andre viel hundert
begüterte Edelleute sich zur evangelischen Religion in
Polen bekannten. Die Städte wurden besonders
erinnert, diesem guten Exempel nachzufolgen, und
den Predigern wurde überhaupt aufgegeben, ihre
Zuhörer zu einem reichlichen Beytrage eines so heilsamen Werkes nachdrücklich einzuladen. Es hat auch
an guten Herzen nicht gefehlet, welche das Ihre treulich beytrugen; allein der unersättliche Clerus hat
diese gute Anlagen meistens verschlungen, und man
ist Dißidentischer Seits, theils nach und nach ent-
kräftet, theils müde und ohnmächtig worden, das
gute angefangne Werk zu vollenden. Auch hat
manchen diese nicht ungegründete Furcht abge-
schrecket, etwas von seinem Vermögen zu solchen
Stiftungen beyzutragen, weil es doch über kurz oder
lang dem Clero in die Hände fiele, da keine mächtige
Garanteurs dieser Dißidentischen Legate vorhanden
waren, als sich durch göttliche Gnade zu den itzigen
Zeiten offenbaret. Es haben zwar die gottseligen
Alten auch im 17ten Seculo, besonders im Anfange
desselben, ihre Hände nicht ganz sinken lassen, und
sowohl in dem Miloslavischen als andern Synoden
der Verbesserung des Schulwesens gedacht; allein
da

da nach dem Tode des friedliebenden Glizners sich die Dißidenten selbst, ehe sie noch den Feinden des Evangelii recht gewachsen waren, unter einander zertheilten, und sich dazu von aus- und inwendigen Friedensstöhrern aufhetzen liessen; so blieb es immer nur bey den Anstalten und Rathschlägen ohne Ausführung.

Man dachte zwar unter der glorreichen Regierung des Königes Vladislai IV. zu seinem Endzwecke zu gelangen, als welcher mit der vorhabenden Vereinigung der christlichen Religionen in Polen wohl eine redliche Absicht haben mochte; allein die Art und Weise dieses Colloquii Charitativi zu Thorn 1645. den 20 Sept. konnte der Sache der Dißidenten keinen andern als unangenehmen Ausschlag geben. Denn so lange die heil. Schrift nicht zum einzigen Grunde und Schiedsrichter in der christlichen Religion geleget wird, so lange wird auch wohl die Vereinigung nachbleiben. Indessen ward doch in Großpolen, weil man auf alle Fälle gefaßt seyn wollte, von den Evangelischen vorher zu Fraustadt, nachdem man auch schon zu Lissa deswegen zusammen gekommen, 1645. den 13ten 14ten und 15ten Jun. eine Synode gehalten, auf welche aber mehr von der Geistlichkeit als Adelschaft erschienen. Mit Berathschlagung des geistlichen, davon 37. und weltlichen Standes, davon 27 Personen vom Adel, ohne die Deputirten der Städte, zugegen waren, wurden 3 von der Ritterschaft als Deputirte der evangelischen Glaubensverwandten in Großpolen, nach Thorn zu gehen bevollmächtiget, um dem daselbst anzustellen-

zuſtellenden Colloquio beyzuwohnen. Solche haben
ſich auch unter das Exemplar des Glaubensbekennt-
niſſes, welches Sr. Maj. Vladislao. IV. am 18 Oct.
eingehändiget worden, alſo nebſt andern anweſen-
den Deputirten von Preußen unterſchrieben:
Stephanus in Golaslino Bojanowski, Vice-Præſes
(denn Sigismund Güldenſtern L. B. Cap. Stum.
war Präſes dieſes Colloquii) Dapifer et Aulicus S.
R. M. Andreas Oſſowski in Rudersdorff, Vladislaus
de Bojanowo Bojanowski.

Da auch auf eben dieſer Synode ein General-
Senior M. Fauſtus und 4 Conſeniores erwählet
worden, als M. Holfeld, Paſtor in Liſſa; Halbius,
Paſtor in Meſeritz; M. Richelius, Paſtor in Poſen
und Schwerſenz; und Populus, Paſtor zu Birnbaum; ſo hat M. Joh. Holfeldius, Eccleſiæ Les-
penſis, J. A. Conf. Paſtor et Miniſt. in Maj. Pol.
Conſenior., nomine Eccleſiarum ſich, als ein von der
Synode dahin deputirter Geiſtlicher, unter das auf
dem Rathhauſe zu Thorn beygelegte Exemplar ebenfalls unterſchrieben.

Weil auch bisher noch keine ordentliche Caſſe zu
Beſtreitung der allgemeinen Ausgaben, z. E. zu
Beſchickung der Reichstage, dieſes Colloquii Charitativi, zu Einrichtung der Schulen ꝛc. ꝛc. vorhanden, und man es einzelen Cavaliers nicht zumuthen
konnte, ihr Vermögen zu öffentlichen allgemeinen
Angelegenheiten allein dran zu wenden, da andre,
die zu Hauſe blieben, doch gleichen Nutzen davon
zogen; ſo wurde auf dieſer Synode eine General-
Caſſe aufgerichtet, zu welcher alle Kirchen ihren jährlichen

lichen Beytrag zu geben versprochen. Bey dieser
General=Casse sollte Herr Andreas Ossowski auf
Röhrdorff die Inspection und einen Schlüssel, die
Vorsteher von Lissa aber und Fraustadt auch einen
Schlüssel haben. Diese so löbliche Einrichtung aber
ist aus verborgnen Ursachen auch nicht lange ge=
blieben, und folgends die Verbesserung der Schulen
auch hierdurch wieder verhindert worden.

In der 1647 den 10 Martii zu Bojanowe ge=
haltenen General=Synode oder General=Convente,
wie man diese geistliche Versammlungen nunmehro
in Polen nennte, welche theils wegen äusserlicher
Bedrückung der evangelischen Religion, theils wegen
der innern Einrichtung derselben gehalten wurden,
berief man sich vornehmlich auf die letztere Synode
zu Fraustadt. Sie enthielt 6 Puncte. In dem
1sten wird alles, auch die Besetzung der Seniorats=
Stellen bestätiget, was in voriger Synode beschlos=
sen worden. In dem 2ten werden die Seniores
im Namen des ganzen Convents ersuchet, mit Zuzie=
hung anderer Geistlichen ihres Kreyses, gewisse Ar=
tikel aufzusetzen, wie das Kirchen= und Schulwesen
in bessere Ordnung gebracht und erhalten werden
möge, und was der Senioren und Consenioren
Pflicht dabey seyn solle, damit die geistlichen Aem=
ter mit solchen Subjectis besetzet würden, welche in
der Lehre rein und lauter, und im Leben unanstößig
wären.

Man sollte dabey die Einrichtungen benachbarter
angrenzenden evangelischen Kirchen zu Rathe ziehen.
Diese von der Geistlichkeit aufgesetzten Articul sollten
alsdenn

alsdenn der gesammten Ritterschaft und Deputirten
der Städte in einem General=Convente vorgelegt,
unterschrieben, und confirmirt werden, damit sich
hernachmals Niemand von dieser einmal vestgesetz=
ten Kirchenordnung ausschließen könne, weil sonst
eine gewisse Confusion daraus erfolgen würde, wenn
ein jeglicher nach seinem Kopfe handeln, und sich an
keine gewisse Regeln binden wollte. Im 3ten
Puncte wird des Aerarii Sacri besonders zu Aufrich=
tung eines Gymnasii nochmals gedacht, und vornem=
lich daß einige Candidaten, welche die polnische Sprache
verstünden, auf Universitäten mit einem Stipendio
unterstützet würden. Im 4ten Puncte wird beschlos=
sen, daß man allen evangelischen Kirchen in Polen,
Pommern und Cassuben von dem auf diesen und
vorigen in Fraustadt gehaltenen Conventen und dar=
auf beschlossenen Articuln, Nachricht ertheilen solle.
Nach dem 5ten Puncte sollten bey künftig zu halten=
den General=Conventen ein jeder Kreys Senior vor=
her einen Kreys=Convent halten, und auf demselben
ein Paar Deputirte erwählt und mit gehöriger Voll=
macht versehen werden, auf den General=Convent
zu geben, damit nicht erst alle, zumal von den weit
entlegenen Orten, reisen und Unkosten machen dürften.
Und endlich wurde 6tens beschlossen, daß, wenn
ein oder der andere Ort der Religion wegen ange=
fochten würde, so sollten sie sich einander mit Rath
und That beystehen.

In dem 1651. zu Bojanove gehaltenen General=
Convente war der 1ste Punct, daß man brüderlich
bey der Sr. Maj. Wladislao IV. übergebnen Thorn=
schen

schen Confeßion zusammenhalten wolle. Der 2te Punct, keinen zum Predigt= oder Schulamte zu beför= dern, der nicht ein Zeugniß vom Kirchen=Patron und Seniore erhalten, daß er in der Lehre richtig und im Leben unsträflich sey, damit sich nicht unter dem Na= men der Augspurgischen Confeßion irrige Lehren einschleichen möchten. Der 3te Punct, die Lehrer sollen bey ihren Strafamte geschützet werden. 4tens, Wenn Streitigkeiten zwischen Lehrern und Zuhörern entstanden, soll das Consistorium Evangelicum die= selben allein, und keine andre Religionsverwandte, noch weltliche Obrigkeit schlichten: denn dazumal war es nicht gewöhnlich, daß die Dißidenten von dem römischen Clero ins Consistorium mit Gewalt gezo= gen wurden, und daß die Päbste sich in alle welt= und geistliche Händel der Dißidenten mischen durften, wie in Schwerin das klägliche Exempel am Tage lieget, da dasiger Probst die Malczewskische Confö= deration zu seinen Henkersknechten gebrauchte, um seine Rache an acht unschuldigen meist Dißidentischen dasigen Einwohnern auszuüben, welche durch seine und des Commißarii Anklage, mitten auf dem Markte, ohne Verhör, in einer Viertelstunde an einen Brunnenschwengel aufgehenket wurden. Solche Gewaltthätigkeiten wurden damals noch nicht gehöret. 5tens, Patroni und Seniores sollen besonders an den pommerschen Grenzen auf die Reinigkeit der Lehre und Leben acht haben, und daß die Jugend in Lutheri Catechismo wohl unterrichtet werde. 6tens, Es sollen alle Jahre Kreis=Convente und alle 3 Jahre ein General=Convent gehalten werden. 7tens, Die Imma= triculirte,

triculirte, so untablich in Lehr und Leben wandeln, sollen vor andern promovirt werden. 8. 9. 10. Guten Ingeniis soll man zum studiren von den Collecten allen möglichen Vorschuß thun. 11. 12. Art. Thorunensia und einige polnische Postillen, besonders Herrn Gracii, Pastoris zu Kreuzberg 2c. sollen zum Druck befördert werden.

Ao. 1663. hielt man zu Bojanove wiederum einen General-Convent, auf welchem die vorigen Puncte wiederholet wurden. Man erwählte überdis einen neuen General-Consenior, beschloß auch, in allen Kirchen einerley Agende und Conformität der Kirchen-Ceremonien anzunehmen, und zu Aufrichtung eines Gymnasii auswärtige Lande und Königreiche um einen milden Beytrag anzusprechen. Es sind auch deswegen 2 Subjecta, als M. Joh. Herbinius, gewesener Rector zu Wohlau, und Salomon Schwager, Studiosus Juris, abgeschickt worden, welche aber für die Kirche nichts fruchtbarliches ausgerichtet haben, wie Olofs Liedergeschichte solches p. 83. 2c. weitläuftig erzehlet.

Ao. 1675. da nach des Herrn Jer. Gerlachs Tode das General-Seniorat 3 Jahre offen gestanden, ist zu Lissa eine Particular-Synode gehalten worden, in welcher M. Samuel Hentschel zum General-Senior erwählet wurde. Es waren dabey nur einige von Adel, als Christoph von Unruh, Starosta Gnesnensis, Bogislaus Bojanowski, Waisk. Posnan. Samuel von Schlichting, Rittmeister, Joh. Albrecht Bojanowski, Adam von Kalckreuth, Ludovicus Jaschkalecki 2c. 2c. und 5 von den benachbarten harten Geistlichen. Die hier abgehandelten Puncte wurden allen Kirchen der Augspurgischen Confeßion in Groß- und Kleinpolen, wie auch an den Preußischen Grenzen, die es mit der Unität hielten, zur Genehmigung überschickt. Und nachdem es mit ihrer Unterschrift zurück geschickt worden, ward es denen Seniorats-Acten einverleibet. Die Unterschreibung von der Nobleſſe waren, auſſer denen vorigen: Jan. Drierzanowski, Sigism. Bronikowski, Joh. Ernst Mieratzki, Christ. Loſſow, Christ. Driembowski, Samuel Luka, Caspar Samuel Bruzewski, Hans v. Seydlitz, Caspar v. Seydlitz, Balthasar v. Seydlitz, Friedrich v. Nostitz, Melchior Loſſa, Joh. v. Seydlitz, Hans Melchior v. Stentz, Balthasar Heinrich v. Seydlitz, Albertus v. Seydlitz, Lorentz v. Seydlitz, Alexander v. Unruh, Hans George v. Nostitz ꝛc. Von denen damals unterschriebenen Land- und Stadt-Geistlichen sind, auſſer dem General-Seniore und 4 Consenioren noch 24 Namen unterschrieben, welche die Schlüſſe der obigen Synode genehmiget. Ich habe dis darum so umständlich erwehnet, um zu zeigen, wie ordentlich man in Ansehung der Convente dazumal verfahren, und nichts für seinen Kopf unter drey oder vier Personen beschloſſen, was das allgemeine Kirchenwesen betroffen, sondern erst den Rath und Einstimmung der andern Glieder, sowol aus dem politischen als geistlichen Stande, darüber eingeholet, zumal wenn ein General-Senior gewählet worden, indem zu solchem wichtigen Amte in Polen eine Person erfordert wird, welche nebst der Lauterkeit der Lehre und einem exemplarischen Le-

H   ben,

ben, auch ein orbentliches Hauswesen führet, damit
ihm dqs Aerarium Sacrum ohne Anstand anvertrauet
werden könne. Es ermahnet im Eingange dieses
Synode-Schlusses der Herr General-Senior Hentschel sehr nachdrücklich zur Einigkeit, nach dem Exempel Pauli: Seyd fleißig, zu halten die Einigkeit im
Geist rc. und nach dem Exempel Hieronymi: Volumus & nos pacem & non solum volumus, sed & ro-
gamus. Auch wir verlangen den Frieden, und wir
wollen ihn nicht nur gern haben, sondern wir bitten
auch darum. Er gedenket der Verbindungen der
Evangelischen im 16ten Seculo aus den Actis publi-
cis, beruft sich auf die Vereinigung und gemachten
Schlüsse der Synoden in Lissa vom Jahr 1645 und
1647. 1651. 1663 zu Bojanowe, wie sie dazumal
und itzt im Namen des dreyeinigen Gottes beschlossen
und noch der beständigen Meinung wären, unter dem
theuren Symbolo der Augspurgischen Confeßion, so
wie sie in Confeßione Thorunensi wiederholet worden,
christlich und brüderlich zusammen halten, und sich
mit Rath und That bey allen Vorfällen beystehen
wollten. Uebrigens berief man sich auf die Articul
voriger Synoden, und wovon unter denen noch zuge-
setzten 9 Articuln folgende zu merken.

Die Conseniores sollen auf gute Ordnung ihrer
Aufsicht anbefohlnen Kirchen bedacht seyn. Es soll
kein Candidat ins Predigtamt oder Schulamt befördert werden, ohne Vorwissen der Senioren, welchen
man bey ersten Vacanzen Nachricht ertheilen, oder
ihnen den in Vorschlag habenden Candidaten melden
soll. Die Candidaten sollen vom General-Senior
und

und deſſen Collegen ordiniret werden. Die Geiſtlich=
keit ſoll ein jeder, beſonders ihre Patronos, aufs in=
ſtändigſte ermahnen und bitten, die Laud= und Reichs=
täge zu beſuchen, weil ſolches allemal nach dem pol=
niſchen Statu von dem proteſtantiſchen Adel höchſt nö=
thig iſt, beſonders aber bey der damals bevorſtehen=
den Krönung, und da auch ſchon dazumal die Zeit
vorhanden, daß man über harte Bedrückung klagte.
Endlich wurden alle Prediger überhaupt, beſonders
aber die auf dem Lande, ermahnet, die für die Jugend
ſo nöthige Catechiſmus = Lehren ja nicht zu verabſäu=
men, ſondern, wo ſonſt keine gehalten worden, ſolche
noch einzuführen.

No. 1677. ward zu Bojanowe wiederum ein Ge=
netal = Convent gehalten. Zu ſolchem Ende wurden
etliche Wochen vorher folgende Puncte an alle Crenſe
ad deliberandum geſchickt, welche nach geſchehener
Approbation der weltlichen und geiſtlichen Glieder des
Corporis Evangelici, auf der Synode confirmiret
werden ſollten. Daß man nemlich, um das Wohl des
evangeliſchen Kirchen = Zuſtandes, ſo viel möglich zu
behaupten, veſt aneinander halten wolle, und dieje=
nigen, welche ſich von denen hiezu benöthigten Abga=
ben ausſchlieſſen würden, im Nothfalle auch verlaſſen
wolle. Ferner ſich wegen der Schule zu Bojanowe
berathſchlagen, wie ſie abſonderlich zur Aufnahme
der adlichen Jugend einzurichten ſey; alle Anſtalt
machen, daß die Nobleſſe die Landtage zahlreich be=
ſuche, zu deſſen und der Reichstags = Angelegenheiten
man Mittel zu Beſtreitung der Unkoſten ausfindig
machen wolle. Die Confeſſio Thorun. ſoll aufs neue

gebruckt

gedruckt, und zu jeder Kirche angeschafft werden. Es sollen sich die Candidati Ministerii bey Zeiten beym General = Seniore melden und anzeichnen lassen, damit ihre Studia und Leben fleißiger beobachtet werden können. Endlich auch für die Pfarrwittwen auf einige Weise zu sorgen.

Nach diesem abgelassenen Circulare ward den 30 Sept. in Birnbaum ein Convent gehalten, auf welchen drey Deputirte von der Adelschaft und drey von der Priesterschaft, zu Beschickung des General= Convents, erwählet, und mit benöthigten schriftlichen Vollmachten versehen wurden. Selbige waren der Herr Hauptmann v Birnbaum, Herr Brunikowski v. Kurtzig, Hr. v. Brause auf Politzig, Hr. Pastor Liesmann zu Birnbaum, Hr. Bretag Pastor zu Kurtzig, Hr. Albinus Pastor zu Clastawe. Diese approbirten nicht allein die vorgeschlagnen Puncte, sondern setzten auch noch unterschiedenes hinzu. Wie nemlich die Landtage fleißiger zu frequentiren, wie zu einem Fundo zu gelangen, davon die ausserordentlichen Abgaben die Anlegung einer guten Schule, auch Wittwen= Cassa, sollen bestritten werden. Es wolle vorerst der Adel ex propria Substantia nach Vermögen was ansehnliches contribuiren, wozu die evangelischen Städte auch müssen invitirt werden. Man that auch den Vorschlag, daß alle, so unter evangelischer Obrigkeit in Gotteslästerlichem Leben, Sabbathschänderey und andern groben Sünden, als Trunkenheit 2c. betroffen würden, scharf bestraft, und solche Strafgelder zu dieser Collecte geschlagen werden sollten. Von diesen ordentlichen und ausserordentlichen

chen Einkünften und Ausgaben, sollten genaue Rech=
nungen abgeleget werden, damit ein jeder überzeugt
würde, daß sein Beytrag zu dem gehörigen Endzweck
angewendet worden. Bey dem Puncte der Candi=
daten erinnerte man noch, daß die Landeskinder der
polnischen Sprache wegen, bey Vacanzen vor andern
sollten beobachtet, und dabey die Hrn. Seniores, je=
manden vorzuschlagen, ersuchet werden, doch unbe=
schadet des Juris Patronatus.

Nachdem also aus allen Creysen der Großpolni=
evangelischen Kirchen, wie auch aus den Cronischen,
Posen und Schwersenz Deputirte zu diesem General=
Convente abgesendet worden; so wurden alle vorge=
schlagene Puncte von dem welt= und geistlichen Stande
genehmiget, auch sogleich von der anwesenden Adel=
schaft bis 1000 Gulden zu einer Cassa freywillig bey=
getragen, und die Abwesenden liessen gleichen Bey=
trag durch die Deputirte versprechen. Der Schule
in Bojanowe wollte man einen Rectorem vorsetzen, der
nebst andern ihm gehörigen Wissenschaften, auch der
polnischen Sprache mächtig wäre, welchem noch ein
anderer, der polnischen Sprache erfahrner College,
sollte adjungirt werden. Wenn künftig eine General=
Synode ausgeschrieben wird, sollen vorerst Creys=
Convente gehalten, und auf denselben vier Deputirte,
zwey aus den Politicis und zwey aus den Geistlichen,
mit benöthigten Instructionen dahin aus jedem Creyse
abgesendet werden. Dieses alles ward auf diesem Ge=
neral=Convente einmüthig beschlossen, und beständig
darüber zu halten versprochen.

H 3 Ao.

Ao. 1679. ward auf dem Particular-Convent zu Lissa auf die vorigen Puncte gedrungen, welche zum Theil noch unerfüllt geblieben, als der von fleißiger Besuchung der Landtage, Verbesserung der angefangenen Landschule in Bojanowe, Druckung der Confessionis Thorun. und Unterstützung der Reichstags-Deputirten.

Ao. 1681. den 17 Jun. ward in Lissa wiederum eine geistliche Zusammenkunft, in welcher man wegen des Salarii der beyden neuberufnen Collegen auf der Bojanowischen Landschule deliberirte, allein wegen Abwesenheit der Adelschaft, zu keinem Schlusse kommen konnte.

Ao. 1684. da sich die Bedrückungen der Evangelischen immer mehr zu häufen anfingen, ward in Lissa ein Convent gehalten. Die Bojanowische Landschule war darinnen wiederum das Hauptaugenmerk, nebst wiederholter Erinnerung zu fleißiger Besuchung der Landtage. Es ward auch hier für nöthig befunden, in jedem Creyse nicht nur einen Seniorem, sondern auch zwey Adjunctos oder Conseniores zu verordnen, welche mit Zuziehung zweyer von Adel ein Consistorium particulare, um besserer Ordnung wegen, vorstellen, und streitige Kirchensachen, wegen Entlegenheit des General-Seniorats, schlichten sollten. Endlich ist in diesem Convente eine Specification enthalten, von wem, und wie viel zu der Bojanowischen Landschule contribuiret werden, und ist das Capital, von dessen Zinsen die polnischen Collegen einen Zuschuß ihres Salarii haben sollten, 5000 Gulden geschätzet worden. Aber auch dadurch erreichte man noch nicht den gewünschten Endzweck, obschon auch sonst ein gewisses Capital, zum Besten dieser Bojanowischen Schule, gerichtlich verschrieben ward.

Ao. 1687. den 29 Oct. ward wiederum ein Convent in Lissa gehalten, und darauf unter andern Articuln, besonders dieser erörtert, daß auf dem bevorstehenden Landtage mit allem Ernste darauf gesehen würde, daß ein Landbote von den Lutheranern und einer von den Reformirten erwählet würde, als wozu die dißidentische Adelschaft, wenn sie zahlreich erschiene, behülflich seyn könnte.

Ao.

No. 1692. den 12 May hielt man in Lissa einen Convent, und beklagte den Tod dreyer, um die evangelische Kirche in Großpolen sehr verdienter Männer, nemlich des Hn. Starosten von Unruh 1689, des Hrn. Bogislaus Bojanowski 1691, und des Hrn. General-Seniors Hentschels 1690. Man wählte den Hrn. M. Zacharias Herrmann, Pastor in Lissa, zum General-Senior, und ausser Hrn. M. David Gottfried Arnold, Pastor zu Bojanowe, noch drey Consentores, als: M. Jo. Zirkler, Pastor zu Schlichting; M. Elias Tobias Keller, Pastor zu Schmiegel; M. Laurentius Puschmann, Archidiac. & Notarius Synodalis Læshæ. Die gesammte Adelschaft versicherte übrigens, bey der evangelischen Lehre vest zu verharren, und die noch übrigen Religionsfreyheiten und Kirchenordnung aufs möglichste durch göttliche Hülfe zu unterstützen und zu erhalten, wie sie denn auch besonders von der Geistlichkeit, um solchen Zweck zu erlangen, zur Einigkeit unter sich selbst ermahnet würden.

Bis hieher hatte man sich nun alle ersinnliche Mühe gegeben, die Landschule in Bojanowe zu ihrer Vollkommenheit zu bringen, besonders in Ansehung der polnischen Sprache. Da aber die bisherigen Bedrückungen der evangelischen Kirche, in dem itzigen Seculo, gar zu harten Verfolgungen wurden, so ließ man endlich die Hände sinken, zumal noch andre äusserliche und innerliche Hindernisse, Mißhelligkeiten, Uneinigkeit, Menschenfurcht und Eigennutz dazu gekommen, welches verursachte, daß gute Schulen zwar immer in Polen vermisset, aber auch noch immer unter die pia desideria gezählet worden.

Man wird übrigens aus dem Extracte der Synoden vom 16ten und 17ten Seculo ersehen, wie sich die gottseligen Alten, sowol um das Kirchen- als Schulwesen in Polen, alle nur ersinnliche Mühe gegeben haben, um das in Polen bald nach der Reformation aufgegangene Licht des Evangelii nicht wieder verlöschen zu lassen. Die ersten Bekenner desselben haben sowol, als in Deutschland, Gut und Blut deswegen aufgeopfert. Und als die grossen irdischen Stützen durch die methodias und Stratagemata

des

des Antichrists, und allerhand Kunstgriffe seines Anhanges, dahingefallen; so sahe die noch übrige im evangelischen Glauben beständig gebliebene Adelschaft und Geistlichkeit, gute Schulen als das einzige Mittel an, das von allen Seiten durch Sturm und Wellen geängstete Schifflein von seinem Untergange zu retten. Allein, alle menschliche Klugheit und Vorsicht, die sie doch, wie aus dem vorhergehenden zu sehen, bey allen Fällen, mit vieler Mühe und Sorgfalt angewendet, waren vergebens, und es schiene, als ob der Herr dieses Schiffleins in einen tiefen Schlaf gefallen wäre. Doch Er wachet noch, der Wächter Israels, und rufet uns, wie dort den verzagten Jüngern, zu: Warum seyd ihr so furchtsam, o ihr Kleingläubigen! Er wird dem ungestümen Meere der Verfolgung, den rasenden Sturmwinden der grausamen Bedrückungen, auch in diesem Lande gebieten, das es stille werde. Wohlauf, ihr treuen Bekenner der evangelischen göttlichen Wahrheit, verdoppelt nunmehr euren Eifer, die Ehre eures Gottes auszubreiten! Lasset dis unter andern gottseligen Bemühungen nunmehro eure vornehmste Sorge seyn, gute Schulen aufzurichten. Gott wird dieses heilsame Werk selbst unterstützen. Gott wird die Herzen der Großen dieser Welt lenken, wie die Wasserbäche, daß auch Mittel und Kosten dazu hergeschaffet werden. Gott wird euch Muth, Weisheit und Einigkeit schenken, um den längst gewünschten Endzweck zu erreichen, wornach unsere Vorfahren so sehnlich geseufzet haben. Nur lasset diesen glücklichen Zeitpunct nicht verbey streichen, und euch dieses falsche Vorurtheil einnehmen, als ob es mit Einrichtung der Schulen noch immer Zeit sey, bis zuletzt, wenn man mit allen andern politischen Einrichtungen fertig ist. Ich bin mit allen wahren Patrioten der vesten und überzeugten Meinung: das erste, was zur Ausbreitung der Ehre Gottes, zur Wohlfahrt des Landes, und zur geistlichen und zeitlichen Glückseligkeit der Einwohner desselben gereichet, das sind gute Schulen.